KNAUR✱

*Von Hülya Özkan ist bereits folgender Titel erschienen:*
»Güle güle Süperland!«. Eine Reise
zu meiner schrecklich netten türkischen Familie

*Über die Autorin:*
Hülya Özkan kam in den Sechzigerjahren als Kind türkischer Einwanderer nach Deutschland. Sie studierte Politische Wissenschaften, Geschichte und Kommunikationswissenschaften und ging zum Fernsehen. Im ZDF moderierte sie die Sendung »heute in Europa«, in der Zwischenzeit arbeitete sie als freie Journalistin und Autorin. Hülya Özkan lebt in Mainz.

Hülya Özkan

# In Erdoğans Visier

Warum er die Deutschtürken
radikalisieren will und was das
für uns bedeutet

**Besuchen Sie uns im Internet:**
www.knaur.de

Originalausgabe Juli 2017
Knaur Taschenbuch
© 2017 Knaur Verlag
Ein Imprint der Verlagsgruppe Droemer Knaur GmbH & Co. KG, München
Alle Rechte vorbehalten. Das Werk darf – auch teilweise – nur mit
Genehmigung des Verlags wiedergegeben werden.
Redaktion: Regina Carstensen, München
Covergestaltung: ZERO Werbeagentur, München
Coverabbildung: dpa / picture alliance
Satz: Adobe InDesign im Verlag
Druck und Bindung: CPI books GmbH, Leck
ISBN 978-3-426-78919-3

5 4 3 2 1

# Inhalt

# Vorwort

Es ist eine einfache Formel: Wer für den türkischen Präsidenten Recep Tayyip Erdoğan ist, der sollte am besten Deutschland verlassen. In regelmäßigen Abständen wird dies von Politikern der bürgerlichen Mitte, eben nicht nur von den Rechten, gefordert, die mit Ressentiments gegen »Türken« – immerhin ein Teil der deutschen Gesellschaft – Punkte für ihre Parteien und ihre eigene Karriere machen wollen. Man muss kein Erdoğan-Anhänger sein, um dies verstörend zu finden.

Zuletzt sorgte das türkische Verfassungsreferendum am 16. April für großen Wirbel. 63 Prozent der wahlberechtigten Deutschtürken stimmten mit einem »Ja« für Erdoğans Präsidialsystem. Für viele Deutsche war das unbegreiflich. Warum nur unterstützten diese Menschen, die hierzulande Demokratie und Rechtsstaatlichkeit genießen, einen Autokraten, der in seiner Heimat dabei ist, genau diese Werte abzuschaffen? Die Motivation der Erdoğan-Anhänger wird dieses Buch erklären, aber gewiss nicht rechtfertigen. Rein rational sind die Gründe für ihr Verhalten nicht zu beantworten, aber Politik richtet sich selten ausschließlich an Verstand und Vernunft aus.

Für jene, die in der deutschen Mehrheitsgesellschaft mit Argwohn auf die Anhänger des türkischen Präsidenten blicken, ist das Abstimmungsergebnis ein eindeutiger Beleg für die gescheiterte Integration der Deutschtürken. Dabei sprachen sich bei einer Wahlbeteiligung von 660 000 Menschen nur gut 420 000, also nur rund 14 Prozent von knapp 3 Millionen Deutschtürken, für das von Erdoğan favorisierte Präsidialsystem aus. Die Ablehnung gegenüber diesen »undankbaren« Türken ist so groß, dass eine differenzierte Beurteilung der Lage schwierig erscheint.

Vorhersehbar im deutschen Vorwahlkampf 2017 war auch die

Debatte um die doppelte Staatsbürgerschaft. Sie behindere, so die allgemeine Auffassung, die Integration derjenigen, die sich von Erdoğans autoritärer Politik angezogen fühlten. Doch es gibt keine konkreten Hinweise dafür, dass Erdoğan-Anhänger mehrheitlich die deutsche und die türkische Staatsbürgerschaft besitzen.

Die Erfolge der AfD haben die Agenda der etablierten Parteien verändert, die Haltung gegenüber Migranten mit islamischem Hintergrund verhärtet. Schon die Pro-Erdoğan-Demonstration nach dem Putschversuch im vergangenen Jahr hatte die Frage nach der Loyalität zu Deutschland aufgeworfen. Die Türken sollten sich entscheiden zwischen neuer und alter Heimat. Man könne nicht »Diener zweier Herren« sein – so die banale Argumentation. Es ist jedoch ein Armutszeugnis, die Abschaffung der doppelten Staatsbürgerschaft als einzig wichtiges Integrationskonzept in den Mittelpunkt hitziger Diskussionen zu stellen. So wird man jedenfalls keine Lösungen finden, um Menschen mit offensichtlich anderem Demokratieverständnis für sich zu gewinnen. Doch die parteipolitische Profilierung hat schon einmal funktioniert: Im Jahr 1999 hatten Unterschriften gegen die von Rot-Grün geplante doppelte Staatsbürgerschaft den flauen Wahlkampf in Hessen angeheizt und den Wahlsieg für den CDU-Ministerpräsidenten Roland Koch gebracht.

Das deutsch-türkische Verhältnis ähnelt immer mehr einer verschmähten Liebesbeziehung: Türken lieben und schätzen Deutschland als das Land, in dem sie aufgewachsen und die meisten auch geboren sind, fühlen sich aber nicht zurückgeliebt – so das Fazit aus vielen Befragungen unter Türken. Unter den Angehörigen der zweiten und dritten Generation ist das Gefühl verbreitet, ausgegrenzt zu werden und nicht in ihrer Doppelidentität als Deutscher und Türke akzeptiert zu sein, was zu Trotz und Abwehrverhalten führt.

Das bedeutet ein permanentes Zerwürfnis mit ihrer neuen

Heimat, das Erdoğan für seinen Machterhalt nutzen kann. Er ist der »Vater«, der seine »Kinder« beschützt. Seine Anhänger in Deutschland, oft aus den ländlichen Gebieten der Türkei stammend, genauso islamisch-konservativ wie er, klammern sich an die alte Heimat und werden durch ein perfekt funktionierendes AKP-Netzwerk, etwa durch Lobbyorganisationen und Moscheegemeinden, sorgsam betreut.

Noch vor einigen Jahren war türkische Innenpolitik für sie kein Thema. Nun, angestachelt durch Erdoğan, geben sie die Parteipropaganda AKP-getreu wieder, sprechen von »äußeren Feinden«, von nationaler Stärke, der »Arroganz des Westens« und beklagen das »Türkei-Bashing« der deutschen Medien. Seine Strategie schadet aber am Ende seinen Unterstützern hierzulande, weil er ihre religiösen Gefühle, aber auch ihren Nationalismus anheizt und sie dazu antreibt, sich von der deutschen Gesellschaft zu separieren.

Die Deutschtürken als Mobilisierungsmasse – ein relativ neues Phänomen also, das verstärkt ab 2014 zutage trat, dem Jahr, als die Deutschtürken erstmals auch in Deutschland an die Wahlurnen durften, um sich an türkischen Wahlen zu beteiligen. Zu einer Zeit, als Erdoğans Allmacht nach den Gezi-Protesten und dem Aufbegehren des ehemaligen Gefährten, des in den USA lebenden islamischen Predigers Fethullah Gülen, gefährdet schien. Nun spiegelt sich die Polarisierung der türkischen Gesellschaft, die Erdoğan selbst vorangetrieben hat, auch unter den Türkischstämmigen in Deutschland wider. Seine Anhänger vergöttern ihn, seine Gegner fürchten seine Alleinherrschaft. Hass ist ausgebrochen in der türkischen Community, der Nachbarn, Arbeitskollegen, Freundeskreise, ja sogar Familien entzweit. Offen über ihre politische Meinung zu sprechen, wagen in den mehrheitlich von Türken bewohnten Stadtteilen nur noch die wenigsten. Einige haben Angst vor Repressalien bei einem Besuch in der Türkei.

Das hat natürlich auch Auswirkungen auf die deutsch-türkischen Beziehungen, die inzwischen an einem Tiefpunkt angelangt sind. Es fing mit der Böhmermann-Affäre an, zog sich wie ein roter Faden über die Armenienresolution bis hin zu den Querelen nach dem Putschversuch. Als die Parole ausgerufen wurde, dass Fethullah Gülen und seine Anhänger dafür verantwortlich seien, gab es bereits wenige Stunden später erste Übergriffe auf Gülen-Einrichtungen in Deutschland, veröffentlichten AKP-Anhänger Listen im Netz mit Boykottaufrufen, islamische Geistliche bespitzelten auf Anweisung aus Ankara politische Gegner und Anhänger und Unterstützer Erdoğans gerieten aneinander.

Seitdem ist auch eine immer stärkere Einmischung des türkischen Präsidenten in die inneren Angelegenheiten Deutschlands zu beobachten. So übergab der türkische Geheimdienst MIT dem Bundesnachrichtendienst BND eine komplette Liste mit den Namen von ausgespähten vermeintlichen Gülen-Anhängern. MIT ging davon aus, dass deutsche Verfassungsschutzbehörden »Amtshilfe« leisten würden. Bislang ist allerdings die Regierung in Ankara den Beweis schuldig geblieben, dass Gülen tatsächlich hinter dem gescheiterten Putsch vom vergangenen Jahr steckt.

Schon seit Längerem steigt die Zahl der Asylanträge von Türken – von über 4600 im Jahr 2015 auf 5742 im Jahr 2016, so das Bundesinnenministerium. Schutz vor politischer Verfolgung in Deutschland suchen neben kurdischstämmigen Türken jetzt auch türkische Diplomaten, Nato-Soldaten, Richter, Staatsanwälte und Journalisten. Ankara bedrängt die Bundesregierung, alle Asylanträge abzulehnen und die türkischen Staatsbürger auszuliefern. Den inhaftierten deutsch-türkischen Journalisten Deniz Yücel nutzte Erdoğan als Faustpfand im Wahlkampf, vorverurteilte ihn als »Terroristen« und »ausländischen Spion«.

Kompliziert ist die Türkei-Debatte ohnehin: Islam und Isla-

mismus, die unstrittig schwierige Frage der Integration und die
Entfremdung in den Beziehungen zur Europäischen Union. All
das verdichtet sich zu einer aggressiv geführten Diskussion,
immer wieder angefacht von dem mehr und mehr autoritär regierenden Machthaber in Ankara. Es ist diese selbstherrliche Art
Erdoğans, wie zuletzt seine verbalen Angriffe an die Adresse der
Europäer. »Ey, Merkel, ey Rutte – ihr seid Nazis, ihr seid Faschisten«, beschimpfte er die deutsche Kanzlerin und den niederländischen Ministerpräsidenten, nachdem seinen Ministern
untersagt worden war, in Deutschland und den Niederlanden
Wahlkampf für das umstrittene Verfassungsreferendum zu machen. Das sind rüde Töne aus dem Munde eines Staatspräsidenten, der einen EU-Partner und NATO-Verbündeten repräsentiert.
Der »faschistische Westen« drangsaliere Muslime, bald gebe es
in ganz Europa Religionskriege. Man unterstütze kurdische Terroristen und die Gülen-Anhänger und wolle eine starke Türkei
verhindern. Jeden Tag und immer wieder wurde dieses Narrativ
über die Fernsehsender, über die Zeitungen im Land verbreitet.
Über die sozialen Medien erreichten diese Botschaften in Sekundenschnelle die türkische Diaspora in Europa. Mit seiner Unbe-
herrschtheit schaffte es Erdoğan, ganz Europa gegen sich auf-
zubringen. »Wenn ihr euch weiterhin so benehmt, wird morgen
kein einziger Europäer, kein einziger Westler auch nur irgendwo
auf der Welt sicher und beruhigt einen Schritt auf die Straße setzen können«, tönte er – eine unfassbare klare Drohung.
  Die Abweisung der Türkei durch die Europäische Union nagt
noch immer am Ego des »Sultans«. Er kennt kaum noch Hemmungen gegenüber seinen europäischen Partnern. Deutschland
und den Niederlanden unterstellte er, man plane wieder »Gas-
kammern und Konzentrationslager«. Getrieben vom Kalkül der
Macht, aber auch gekränkt in seinem Stolz, betrieb er eine derart
absurde Vergeltungsstrategie, dass selbst einige seiner Anhänger
peinlich berührt waren.

Dass die Lage nicht weiter eskalierte, ist auch der Not der Europäer zu verdanken, die auf das Wohlwollen der Türkei in der Flüchtlingskrise angewiesen sind. Die Kanzlerin, gefangen durch den Flüchtlingsdeal mit der Türkei, reagierte rational und kühl, was selbst ihr allerdings immer schwerer fiel angesichts der ungezügelten Rhetorik des türkischen Präsidenten. Schließlich sagte sie: »Wir werden nicht zulassen, dass der Zweck die Mittel immer wieder heiligt und jedes Tabu fällt.«

Erdoğans Taktik, die Türkei als Opfer zu stilisieren, ging auf, auch wenn das Ergebnis des Verfassungsreferendums mit 51,4 Prozent äußerst knapp ausfiel. Die Türken wählten den starken Mann, der ihnen Sicherheit und Stabilität versprach und der sich vom Westen nichts mehr gefallen ließ. Jetzt hofft Erdoğan bis mindestens ins Jahr 2029 als Alleinherrscher regieren zu können, nahezu unkontrolliert, da die Gewaltenteilung mit der Verfassungsänderung praktisch aufgehoben wird. Das Präsidialsystem ist das wichtigste, schon seit langem geplante Projekt in Erdoğans politischer Karriere – die Vollendung eines lang gehegten Traums.

Für die Opposition, die der Regierung Wahlbetrug vorwirft, ist es ein bitteres Ergebnis. Das Referendum fand inmitten des Ausnahmezustands statt, zahlreiche regierungskritische Medien wurden geschlossen, Oppositionspolitiker saßen im Gefängnis. Und überall sah man nur noch Erdoğan, der unwidersprochen die Vorzüge des Präsidialsystems anpreisen konnte. Wer mit »Nein« stimmte, so wurde gedroht, würde den »Terrorismus« im Land unterstützen, war quasi ein Vaterlandsverräter. Um die politischen Gegner des Staatspräsidenten – das sind immerhin fast 50 Prozent der Türken – wird es jetzt noch stiller werden.

Schon vor Donald Trump hat Recep Tayyip Erdoğan die mobilisierende Wirkung des Postfaktischen erkannt. Die säkularen Eliten in der Türkei, die das islamisch-konservative Milieu stets verachteten und vom politischen Prozess ausschlossen, machten es ihm allerdings leicht, für »sein Volk« in die Rolle des Anwalts der unterdrückten Muslime zu schlüpfen. Auch den versuchten, dilettantisch ausgeführten Militärputsch im Juli 2016 nutzte Erdoğan wie aus dem Lehrbuch des Machiavelli. In fünfzehn Jahren AKP-Regierung formte er die Türkei des Republikgründers Kemal Atatürk nach seinen Vorstellungen um. Atatürk hatte die Türkei zu einem laizistischen, demokratischen Rechtsstaat geformt. Das dürfte nun nur noch Makulatur sein.

Dieses Buch beschreibt die Sorgen der säkularen Deutschtürken, denen es nicht egal sein kann, in welche Richtung sich die Türkei bewegt. Sie haben eine besondere emotionale Beziehung zu ihrem Herkunftsland, das zurzeit eine dramatische Entwicklung durchmacht, mit weitreichenden Auswirkungen auf Deutschland und seine türkeistämmigen Migranten.

Nach dem Verfassungsreferendum werden weitere Schritte der Abgrenzung folgen, die die Türkei von Europa wegführen – eine tragische Entwicklung für diejenigen, die ihre Zukunft im Westen sehen. Präsident Recep Tayyip Erdoğan ist dabei, sein frühes Lebenswerk zu demontieren, all die fortschrittlichen Reformen und Ansätze zurückzudrehen, die der Türkei einst Lob und Anerkennung brachten.

# 1
# Erdoğans zwielichtiges Verhältnis zum Westen – Ist die Westanbindung nur Mittel zum Zweck?

Die Diskussion über die Frage, wohin die Türkei eigentlich gehört, ist ein permanenter Prozess. Türkische Schriftsteller, Historiker und Politiker haben sich damit ausführlich beschäftigt, sie haben den Westen verdammt, hochgelobt oder nach Abgrenzungen gesucht. Schon Mitte des 19. Jahrhunderts diskutierten osmanische Gelehrte darüber, wie das Osmanische Reich sich dem Westen gegenüber positionieren sollte. Sie hatten erkannt, dass sich das Reich, wenn es nicht den Anschluss an die westliche Zivilisation verlieren wollte, verändern musste. Doch wie sollte diese Erneuerung aussehen? Sollte man nur die Ideen übernehmen, die den wirtschaftlichen Fortschritt begünstigten, oder auch die politischen und religiösen Strukturen überdenken? Wie weitreichend, wie einschneidend konnte dieser Prozess sein, damit man das eigene Selbstverständnis, das Selbstbewusstsein, das sich auch aus dem Islam definierte, nicht zerstörte?

Nach der Gründung der türkischen Republik 1923 standen die Türken vor vollendeten Tatsachen. Staatsgründer Kemal Atatürk gab die Linie vor und die hieß: Verwestlichung. Sie wurde in den darauffolgenden Jahren immer wieder infrage gestellt, aber solange das Militär als Hüter des Kemalismus eine wichtige Rolle spielte, blieb die Westanbindung so gut wie unantastbar.

Auch Recep Tayyip Erdoğan, ein Politiker mit islamischer Orientierung und Wertordnung, übernahm die vorgegebene Linie – wohl nur notgedrungen. Denn noch war die Zeit nicht reif für seine Agenda. Stets arbeitete er mit der Bedrohung, dass das türkische Militär »die Ordnung« wiederherstellte. Es wachte darüber, vor allem, dass die Trennung von Staat und Religion gewahrt blieb. Erdoğans AKP, die Partei für Gerechtigkeit und Aufschwung, regiert nun 15 Jahre. Nach der Entmachtung des Militärs als politische Kraft und der »Säuberungswelle«, die vor allem dem gescheiterten Putsch im Juli 2016 folgte, fühlt sich Erdoğan nun stärker und freier als je zuvor.

Sein Verhältnis zum Westen verlief in dieser Zeit nicht ohne Konflikte. Es war ein ständiges »Trial and Error« – seine Art der Problemlösung. Dennoch steht auch eines fest: Erdoğan und seine AKP hatten ab 2002 durchaus gute politische Ansätze, sie agierten äußerst reformwillig und steuerten einen EU-freundlichen Kurs. Die harsche Abweisung der Türkei durch die Europäische Union hat aber dazu geführt, dass sich der türkische Präsident inzwischen vom Westen abgewandt hat. Sein Vorwurf, der Westen, auch Deutschland, hofierten Terroristen – gemeint sind die Gülen-Bewegung und die Kurdische Arbeiterpartei (PKK) –, sie unterstützten die Feinde der Türkei, ist Teil dieser neuen Rhetorik.

Weder die Türkei noch die EU glaubten zuletzt an ein glückliches Ende. Im November 2016 hatte das EU-Parlament die Konsequenzen daraus gezogen. Es beschloss, die Beitrittsgespräche mit der Türkei einzufrieren. Natürlich hat dieser Schritt nur symbolischen Charakter. Die Türkei wird sich durch diese Entscheidung nicht vom neuen Kurs abbringen lassen. Die Beitrittsgespräche waren aber ohnehin schon lange nicht mehr von ehrlichen, konstruktiven Gesprächen, sondern von gegenseitigen Schuldzuweisungen geprägt. So war es ein Abschied auf Raten, ein Prozess der wechselseitigen Enttäuschungen, unterbrochen von der ständigen Suche der türkischen Regierung nach Alternativen. Es ging wie so oft bei Präsident Erdoğan um verletzten Stolz, der zuletzt in Sturheit und Besserwisserei umschlug. Die Türkei brauche die EU nicht, beteuerte er immer wieder. Sein Kampf um Gesichtswahrung nahm zuletzt verzweifelte Ausmaße an. Es sind Versuche, die führende Rolle der Türkei, ihre Stärke und ihre Souveränität zu betonen. Immer wieder richtete er die trotzige Botschaft an den Westen: »Wir sind nicht mehr die Türkei von gestern!«

»Wenn sie anrufen, fragen sie nach dem Zustand der Putschisten und nicht nach dem Zustand unserer Nation«, beschwerte er sich. Mit »sie« waren die westlichen Staats- und Regierungschefs gemeint. Keiner von ihnen hatte nach dem Putschversuch die Türkei besucht, sie meldeten sich telefonisch, und statt aufrichtiger Anteilnahme gab es nur Ermahnungen. Auch wollte keiner wissen, wie es ihm, dem demokratisch gewählten Präsidenten der Türkei, ging. In Interviews beklagte er: »Der Westen steht im Widerspruch zu den Werten, die er zu vertreten angibt. Er muss Solidarität mit einer Türkei zeigen, die die demokratischen Rechte verteidigt. Doch man hat uns leider alleine gelassen.«

Dahinter steckt Kalkül. Erdoğan weiß genau, was seine Anhänger hören wollen. In den Ansprachen zur Lage der Nation vor Millionen kritisiert er immer wieder die »westliche Arroganz« und betont, dass die Türkei Demokratie und Rechtsstaat schon selbst schützen und verteidigen könne, und zwar nicht, weil es der Westen von der Türkei verlange, sondern weil das türkische Volk diese Werte verdiene. Denn die Türkei sei freier und pluralistischer als je zuvor.

Bereits ein paar Tage nach dem Umsturzversuch druckte die Zeitung *Yeni Şafak* – das Sprachrohr von Erdoğans Regierung – auf ihrer Titelseite das Bild eines amerikanischen Ex-Generals namens John F. Campbell ab. Die Überschrift: »Das ist der Mann, der den Putsch anführte!« Antiamerikanische Rhetorik und Verschwörungstheorien haben schon immer funktioniert. Wie stets, wenn das Land in Bedrängnis gerät, derselbe Reflex. Das bringt die Menschen auf Linie und vermittelt das Gefühl von äußerer Bedrohung.

Das islamistische Blatt *Yeni Akit* formulierte noch drastischer. Der Putschversuch sei von der US-amerikanischen Armee und der NATO organisiert worden, CIA, MI6 und der Mossad hätten ihn geplant, in Zusammenarbeit mit dem Erzfeind Fethullah Gülen als amerikanischer Marionette. Dass Washington sich weigere, den im US-Exil lebenden Gülen auszuliefern, sei Beweis genug. Auf längere Sicht sei ein Austritt aus der NATO unumgänglich, es sei nun an der Zeit, dass eine Achse Türkei – Islamische Welt entstehe, schrieb die Zeitung. Es ist ein ständiges Spiel mit dem Feuer, ein Kokettieren mit dem alten Traum von der Einigung aller Muslime.

Es war kein Zufall, dass Erdoğans erste Auslandsreise nach dem Putschversuch nach Russland ging. Die Reise nach St. Petersburg, der prunkvollen Zarenmetropole, ist ein erster Hinweis auf die Neuorientierung der Türkei, die sich immer stärker von den USA und der Europäischen Union abwendet. In Vergessenheit geraten sind offenkundig all die scharfen Worte und Sanktionen Putins, nachdem im November 2015 türkische Piloten – angeblich Gülen-Anhänger – einen russischen Kampfjet abgeschossen hatten.

Der russische Präsident bezeichnete die Türkei damals sogar als »Unterstützer von Terroristen«. Er ließ Satellitenbilder präsentieren, die angeblich zeigten, über welche Schmuggelrouten der »Islamische Staat« Öl von Syrien in die Türkei transportierte. Schlimmer noch: Er beschuldigte den türkischen Präsidenten und seine Familie, sie würden von den Ölgeschäften profitieren.

Die vielschichtige, flexible außenpolitische Positionierung der Türkei ist ein grundlegendes Problem: Seit Jahren überzieht der IS die Türkei mit Anschlägen, die schon Hunderte Menschen das Leben gekostet haben. Doch die türkische Regierung scheute sich lange, die radikalen Islamisten als Terroristen zu bezeichnen, weil sie in Syrien den Machthaber Baschar al-Assad und den syrisch-kurdischen Ableger der PKK bekämpften. Noch

Ende 2015 nannte der damalige Ministerpräsident Ahmet Davutoğlu den IS eine »Ansammlung von Menschen, die aus Wut« zueinanderfanden. Ein anderes AKP-Mitglied behauptete sogar: »Der IS ist keine Terrororganisation.«

Sich mit Putin, den Erdoğan inzwischen Wladimir nennen darf, auszusöhnen, war der letzte Ausweg. Der russische Kampfjet hatte zwar nur wenige Sekunden lang den türkischen Luftraum verletzt, aber der Abschuss hatte beide Länder fast an die Schwelle von Kampfhandlungen gebracht. Was folgte, war eine Eiszeit mit großen wirtschaftlichen Einbußen, denn Putin hatte unter anderem seinem Volk untersagt, die Strände der Türkei zu besuchen. Diese Strafmaßnahme hatte die Hoteliers an der türkischen Riviera derart in Bedrängnis gebracht, dass Präsident Erdoğan mit einem Brief an Putin die Versöhnung eingeleitet hatte. Es war so etwas wie eine Entschuldigung, aber ohne kompletten Gesichtsverlust. Immerhin waren vom starken Mann Russlands keine Belehrungen über Menschenrechte und Rechtsstaatlichkeit zu befürchten.

Das zeigt, wie pragmatisch und sprunghaft Erdoğan Außenpolitik betreiben kann. Angesichts der angeschlagenen Wirtschaft und der anhaltenden Spannungen mit der EU braucht Ankara Verbündete. Mit dem neuen Schulterschluss demonstriert Erdoğan, dass die Türkei durchaus andere Optionen hat. Und Putin weiß zu schätzen, dass ein Keil zwischen die NATO-Verbündeten getrieben wird. Er kalkuliert, dass aus den Bruchlinien mit dem Westen ein Riss werden könnte. Mit der geplanten Gasleitung »Turkish Stream« durch das Schwarze Meer und dem Bau eines Atomkraftwerks in der Türkei verfolgt Russland auch wirtschaftliche Interessen – alles in allem eine Win-win-Situation.

Beide von Amerika und Europa missverstanden und gemaßregelt, eint Erdoğan und Putin nun der Frust auf den Westen. Das schweißt zusammen, und selbst die Erschießung des russischen Botschafters Andrej Karlow durch einen türkischen Polizisten

konnte sie nicht entzweien. Beide denken zudem, dass es ohne
sie in Syrien keinen Frieden geben kann. Lange Zeit hatte die
türkische Regierung, anders als Russland, auf den Sturz des syrischen Machthabers Baschar al-Assad hingearbeitet. Jetzt ist
die Türkei offenbar zu politischen Zugeständnissen an Putin bereit, in Syrien auf keinem Regimewechsel mehr zu bestehen.

Das Treffen der zwei Autokraten am 9. August 2016 wurde
international viel beachtet, sorgte aber für große Irritationen.
Die einen höhnten, dass sich nun zwei Repräsentanten von
Scheindemokratien zusammengetan hätten, und kritisierten den
neuen Kuschelkurs. Die anderen bedauerten Erdoğans Schritt,
dass sich die Türkei jenseits von EU und NATO, deren Mitglied
sie schon seit 1952 ist, nach neuen Partnern umsah. Wechselt
Erdoğan jetzt tatsächlich die Fronten – oder ist das nur ein Werben um mehr Aufmerksamkeit? Wohin führt der unberechenbare
Präsident sein Land? Das weiß Erdoğan vielleicht selbst nicht
immer so genau. Bei ihm scheint nichts dauerhaft. Am Ende
ist die Erhaltung seiner Macht das klarste Ziel all seiner Aktionen.

Beflügelt von seinem überraschenden Coup mit Putin, behauptet
er nun, dass ein EU-Beitritt nicht alternativlos sei. Es sei vorstellbar, dass sich die Türkei der von Russland und China dominierten Shanghaier Organisation für Zusammenarbeit (SOZ)
anschließe. Der gehören auch zentralasiatische Staaten wie Ka-
sachstan, Tadschikistan, Kirgisien und Usbekistan an, was eine
zusätzliche Annäherung an die muslimischen Turkvölker be-
günstigen würde.

Auch wenn sich die Türkei diese Möglichkeit offenhält, dürfte aber ein Bündnis mit Moskau kein vollwertiger Ersatz für eine
Allianz mit dem Westen sein. Denn Russland kann dem Land
weder die Sicherheit garantieren, die mit der NATO-Mitglied-
schaft verbunden ist, noch kann es die EU als Handelspartner

und Investor ersetzen. Und der Westen wird gerade jetzt die Türkei nicht vollständig fallen lassen, auch wenn einige wortreich das Ende der Partnerschaft ins Spiel bringen. Vorausschauende Politiker halten wenig von dieser Drohkulisse und warnen davor, die Türkei als einen entscheidenden geostrategischen Partner zu verprellen. Sie betrachten das Land nach realpolitischen Gesichtspunkten, das gilt vor allem für die USA.

Schon zu Zeiten des Kalten Krieges war die Rolle des NATO-Partners klar definiert: als antisowjetisches Bollwerk an der Südostflanke des Nordatlantikpakts. Für die USA besaß die Türkei schon immer eine wichtige strategische Bedeutung. Auch später, vor allem nach den terroristischen Anschlägen vom 9. September 2001, glaubten die Amerikaner daran, dass die Integration eines islamischen, aber demokratischen Staats in die EU für die Sicherheit und Zukunft des Westens besonders wertvoll sei. Die Türkei fühlte sich in dieser Gewissheit gut aufgehoben.

So hatte Erdoğan, als junger Vorsitzender der AKP und kurz vor dem Triumph seiner Partei im Jahr 2002, mehrmals die USA besucht, um Bedenken gegen ihn und seine Partei auszuräumen. Der NATO-Partner sollte wissen, mit wem er es zu tun haben würde und dass die AKP eine verlässliche Größe war, die das Land nicht in den radikalen Islamismus abdriften lassen würde. Das hielt Erdoğan allerdings nicht davon ab, von Zeit zu Zeit die Beziehungen mit den USA zu belasten. Eine der ersten Krisen war der Irak-Krieg 2003, als er den Amerikanern nicht erlaubte, Bodentruppen in der Türkei zu stationieren – das gefiel vor allem den islamistischen und linken Kräften im Land.

Erdoğan, der zu Alleingängen tendiert und sein Land als souveränen Wandler zwischen Ost und West versteht, ist und bleibt ein schwieriger Partner. Auch im Syrien-Konflikt ließ der Machtmensch seine antiamerikanischen Reflexe aufblitzen. Erst brauchte die Türkei eine geraume Zeit, bis sie sich dazu durchringen konnte, der Anti-IS-Allianz beizutreten. Dann kritisierte die

türkische Regierung die Amerikaner, weil sie im Kampf gegen
den IS mit den Kurden-Milizen der YPG – der Schwesterorgani-
sation der PKK in Syrien – zusammenarbeiteten. Die USA
müssten sich nun entscheiden zwischen den geopolitischen Interessen der Türkei und denen der Kurden, die dabei seien, an der
türkischen Grenze einen Kurdenstaat zu errichten, drängte Erdoğan. Seitdem sind die Beziehungen angespannt, auch wenn
die Verbündeten beschwichtigend auf die Türkei einreden, sie
sei ein wichtiger Partner im Kampf gegen die Terrormiliz »Islamischer Staat«.

Die Türkei als Brücke zwischen der islamischen Welt und
dem Westen – so hatte Erdoğan einst die Rolle seines Landes
beschrieben, wenn er bei den Europäern für seine Position warb.
Die Türkei als glaubwürdiger Partner und Mitglied der Europäischen Union, diese Vision hat er aber längst aufgegeben.
Erdoğan setzt verstärkt auf ein islamisch-nationalistisches Narrativ. Alle hätten sich gegen die Türkei verschworen: die EU, die
USA, die NATO.

## Die Angst der Europäer vor den Türken

Ein Teil des Westens zu sein war aber schon immer ein Traum
gewesen, weshalb die Türkei über Jahrzehnte viel Leidenschaft
in die Beziehung mit Europa gesteckt hat. Schon 1963 unter-
zeichnete sie ein Assoziierungsabkommen mit der Europäischen
Wirtschaftsgemeinschaft (EWG). 1996 trat die Zollunion zwischen der EU und der Türkei in Kraft. Auf dem Gipfel von Hel-
sinki am 10. und 11. Dezember 1999 verliehen die EU-Staats-
und Regierungschefs der Türkei den Status eines Beitrittskandidaten. Und am 16. Dezember 2004 verständigte sich die EU

darauf, dass am 3. Oktober 2005 die Beitrittsverhandlungen mit der Türkei beginnen sollen.

Das Ungewöhnliche dabei: Was andere nicht erreicht hatten, war einer islamisch-konservativen Regierung gelungen, ausgerechnet sie hatte einen besonderen Reformeifer gezeigt. Am 17. Dezember 2004, als Erdoğan, damals noch Ministerpräsident, von Brüssel kommend in Ankara eintraf, wurde er wie ein Held gefeiert, berichtet der türkische Publizist Emin Çölaşan. Der Platz im Zentrum Ankaras war mit Europafahnen geschmückt, es gab ein Feuerwerk, man ließ Luftballons in den Himmel steigen, und alle Fernsehsender berichteten live. Und Ertuğrul Özkök, ein anderer bekannter türkischer Journalist, selbst eher den Sozialdemokraten zugeneigt, beschreibt jenen Tag als einen, den er niemals vergessen wird. Im Freudentaumel seien seine Frau und er sich in die Arme gefallen. Nach all den Rückschlägen, diesem nationalen Trauma, »mündete der schon 150 Jahre während Lauf in Richtung Westen in einen Weg voller Zuversicht«, schreibt Özkök mit viel Pathos beim Blick in die Vergangenheit. Das sagt sehr viel aus über die damalige Gefühlslage der Türken, die übrigens schon zu dieser Zeit hofften, die Visafreiheit möge bald kommen.

Deutschlands rot-grüne Regierung hatte die Verhandlungen vorangetrieben. Sie war der Meinung, dass die Aufnahme der Türkei in die EU den Demokratisierungsprozess des Landes beschleunigen würde und somit anderen islamischen Staaten als Vorbild für deren eigenen Weg zur Demokratie dienen könnte. Ohnehin sah EU-Erweiterungskommissar Günter Verheugen Europas Grenzen weder kulturell noch religiös begründet. Und der damalige Bundesaußenminister Joschka Fischer betonte, dass eine Türkei, die europakompatibel sei, nicht mehr die Türkei sein würde, die wir kennen. Viele Ängste würden dann nicht mehr existieren. Für die Türkei-Befürworter war die Europäische Union ohnehin kein »christlicher Club«, sondern eine westliche Wertegemeinschaft, in der die Türkei mit ihrer westlichen Ausrichtung gut aufgehoben sei. Eine EU-Perspektive mit mehr Reformen und Demokratie würde aus dem Land einen stabilen Partner machen. Davon würde auch Europa profitieren.

Auch die rund 2,5 Millionen Türken, die zu dieser Zeit in Deutschland lebten, hegten große Hoffnungen, eines Tages ein Teil dieser europäischen Wertegemeinschaft zu werden. Auf ihre Kosten antitürkische Ressentiments zu schüren, um die Türkei aus der EU herauszuhalten, war aus Sicht der rot-grünen Koalition nicht nur ungerecht, sondern ebenso äußerst kontraproduktiv. Was sich am Ende als sehr zutreffend erwies. Denn mit der Kanzlerschaft von Angela Merkel ab Herbst 2005 begannen die Rückzugsgefechte in Form von »ergebnisoffenen« Verhandlungen oder der »privilegierten Partnerschaft«. Und es folgten Jahre des Aussitzens und der Heuchelei. Man drückte sich um die EU-Perspektive für die Türkei, hoffte, sie würde bald selbst das Interesse am Beitritt verlieren. Die jahrzehntelange Abweisung durch den Westen hatte tief greifende Folgen. Das Land entfernte sich von den Idealen Europas und berief sich mehr und mehr auf ihre nationalistischen und islamischen Werte. Das hatte wiederum grundlegende Auswirkungen auf die deutsch-türkischen Beziehungen. Ein Teil der Deutschtürken wandte sich enttäuscht von der deutschen Politik ab. Ihre Volksvertreter sind heute nicht mehr Merkel und Co., sondern Erdoğan und seine AKP.

Kanzlerin Merkel hatte damals die Bedeutung der Türkei für Europa unterschätzt. Doch nicht nur sie, eine große Mehrheit von CDU/CSU lehnte einen Türkei-Beitritt ab. Ein oft angeführtes Argument war das von der »Überdehnung« der EU. Dass diese Sorge nur vorgeschoben war, konnte man bereits 2007 erkennen, als Bulgarien und Rumänien im Eiltempo Mitglieder wurden. Noch deutlicher konnte die EU die grundsätzliche Ablehnung der Türkei nicht demonstrieren. Warum sollte sie sich also weiterhin anstrengen, wenn die Widerstände so groß waren?

Im Bundestagswahlkampf 2005 lag es für die CDU/CSU auf der Hand, mit der Türkei-Frage auf Stimmenfang zu gehen. Eine Vollmitgliedschaft der Türkei würde Europa überfordern. Das Land sei noch lange nicht reif für eine Mitgliedschaft. Es müsste mit Transferleistungen in Milliardenhöhe fit gemacht werden – mit Geld, das Länder wie Deutschland zu zahlen hätten. Zudem die neuen Nachbarländer: Iran, Irak und Syrien – die Achse des Bösen, direkt vor den EU-Festungsmauern!

Dabei wurden vier wichtige Punkte ausgeblendet:

1. Das gemeinsame wirtschaftliche Interesse.
2. Die Türkei als wichtiger Partner bei der Abwehr von Islamismus und Terrorismus in einer äußerst fragilen Region.
3. Die Rolle der Türkei für die Energieversorgung der EU und als Brücke nach Zentralasien sowie in den Nahen und Mittleren Osten.
4. Die Türkei als Garant für Frieden und Stabilität im östlichen Mittelmeerraum.

Es gehört visionäres Vermögen dazu, dies zu erkennen. Damals waren es jedenfalls nur wenige Unionspolitiker. Einer von ihnen, der die Position von CDU und CSU kritisch hinterfragte, war Ruprecht Polenz, der ehemalige Vorsitzende des Auswärtigen Ausschusses. Für ihn war aus den oben genannten Gründen nur eine Schlussfolgerung zu ziehen: Die Türkei gehört in die EU, auch wenn eine Mitgliedschaft noch in ferner Zukunft läge. Polenz konnte sich gegen die Wahlkampfrhetorik – da wurde von einer »Türkenschwemme«, einer »Islamisierung der deutschen Gesellschaft« oder einer »Völkerwanderung von Anatolien nach Westeuropa« geredet – nicht durchsetzen. Diese Zuschreibungen lösen bei vielen Europäern Ängste aus, deren Ursprung wohl aus der Zeit der »Türken vor Wien« stammt – so jedenfalls empfinden es die Türken. Das liegt zwar mehrere Jahrhunderte zurück, trotzdem hat die damalige Bedrohung des Abendlands ein tief sitzendes Trauma hinterlassen.

Diese Haltung war nichts Neues für die türkische Politik. Schon Bülent Ecevit, türkischer Ministerpräsident bis 2002, hatte sich darüber beklagt und erkannt, dass die viel beschworene deutsch-türkische Freundschaft ihre Grenzen hatte. Im Unterbewusstsein der Europäer gebe es eine kulturell begründete Abneigung gegen die Aufnahme der Türkei. Es falle Europa schwer, über den Tellerrand zu blicken, so der damalige sozialdemokratische Regierungschef. Ecevit hatte jahrelang versucht, Beitrittsverhandlungen mit der EU durchzusetzen – und war gescheitert.

Erdoğan aber krempelte die Ärmel hoch, beeilte sich, schnell Kontakt zu den europäischen Ländern herzustellen, zu zeigen, dass er zu seinen Wahlversprechen stehen werde: Modernisierung der Türkei, Reformen, Anpassung an die Normen Europas, Menschenrechte und wirtschaftlicher Aufschwung. Das war auch ganz im Sinne der AKP, die ihren Wahlerfolg der Ausrichtung nach Europa zu verdanken hatte. Die Türken sahen damals ihre Zukunft in Europa, aber vor allem an der Seite der Deutschen, mit denen sie sich schon immer verbunden fühlten. Umso schockierender war es für die Deutschtürken, dass konservative deutsche Politiker das EU-Türkei-Thema nutzten, um auf ihre Kosten im Wahlkampf zu punkten.

Waren es früher Merkel und Stoiber, die das Anti-Türkei-Bollwerk repräsentierten, wurde es nun, nachdem Merkel Bundeskanzlerin geworden war, vom Merkel-Sarkozy-Gespann ersetzt. Merkel und der französische Staatspräsident Nicolas Sarkozy waren so unzertrennlich, dass Journalisten sie »Merkozy« tauften. Sie waren an außenpolitischer Weitsicht nicht interessiert, sondern hatten nur ihr innenpolitisches Ziel vor Augen, geleitet auch von der Furcht, die Rechtspopulisten in Europa zu stärken.

In den deutschen Medien hatte Erdoğan wieder und wieder seine Motivation für die EU-Mitgliedschaft erklärt. Dabei hatte er seinen türkischen Stolz und seine wirkliche Haltung viele Male ausgeblendet und stattdessen hervorgehoben, dass die Türkei einen großen Beitrag für die EU leisten würde, weil sie als einziger Staat in der Lage sei, eine Brücke zwischen der islamischen Welt und dem Westen zu bilden. Aber es steckte auch etwas Missionarisches hinter seinem Werben, der Drang, Europa davon zu überzeugen, den Islam in seiner Mitte aufzunehmen. Wenn die EU kein »christlicher Club« sein wolle und das Ziel habe, die Zivilisationen zusammenzuführen, dann sei die Türkei das geeignete Land, sie verbinde die Werte der Religion mit Demokratie und Laizismus. »Deshalb werde sie zur Überwindung der psychologischen Gegensätze zwischen den Kulturen beitragen.« All das hatte er mehrmals eindringlich betont, als wolle er dem Westen stur einen Spiegel vorhalten, ihm sein abwehrendes Verhalten vor Augen führen.

Erdoğan ist kein leidenschaftlicher Verfechter der europäischen Idee, er ist Pragmatiker. Die Politikwissenschaftlerin Senem Aydın-Düzgit von der Istanbuler Bilgi-Universität sieht daher kalkulierte Realpolitik hinter seiner Haltung: »Am Anfang wollte er mithilfe der EU die Grundrechte in der Türkei, folglich auch die für ihn wichtige Religionsfreiheit, stärken, und zugleich seine Macht legitimieren«, sagt sie. Aber die Entmachtung des Militärs stand ebenso auf seiner Agenda. Nachdem sich die AKP in der Gesellschaft etabliert habe – seit 2002 gewann sie fünf Parlamentswahlen in Folge –, sei die EU für ihn nicht mehr so wichtig wie früher.

Die EU als Vehikel für seine politischen Ziele? Ganz von der Hand zu weisen ist diese Theorie nicht. Doch obwohl Erdoğan weiß, dass der Beitrittsprozess so gut wie gescheitert ist, will er die Tür noch nicht ganz zuschlagen. Er braucht die EU, selbst wenn er so tut, als profitierten etwa nur die Europäer vom Flüchtlingsdeal. Zum einen kommt mit den sechs Milliarden Euro

Geld für die Versorgung der syrischen Flüchtlinge in die Kasse, und zum anderen wäre die Visafreiheit ein enormer innenpolitischer Erfolg.

Merkel musste das Spiel mitspielen, vor allem musste sie aber schauen, dass der Gesprächsfaden nicht abriss. Dafür reiste sie seit Beginn der Flüchtlingskrise im Herbst 2015 bereits fünfmal zu Erdoğan. Das zeigte, wie wichtig ihr das Abkommen ist. Dass sie nun aber als Bittstellerin zum autoritären Herrscher Erdoğan reisen musste, war ernüchternd. Hätten die EU und die deutsche Regierung die spektakulären türkischen Reformen gewürdigt und darauf viel konstruktiver reagiert, wäre es vielleicht nicht so weit gekommen. Leider waren die konservativen Regierungen in Europa viel zu arrogant und mit sich selbst beschäftigt, um zu erkennen, dass die Einbindung der Türkei eines Tages für Europa von größtem Interesse sein könnte. Dass es sich Erdoğan nun mit rüden Worten leisten kann, den Westen vorzuführen, ist der kurzsichtigen Haltung der Europäer geschuldet.

Im Ranking der westlichen Regierungschefs, mit denen der türkische Präsident nicht zurechtgekommen ist, steht wohl der frühere französische Präsident Nicolas Sarkozy an erster Stelle. Nachdem im Jahr 2011 die französische Nationalversammlung in erster Lesung ein Gesetz angenommen hatte, das die Leugnung des Völkermords an den Armeniern im Osmanischen Reich unter Strafe stellen sollte, hatte Ankara sofort die militärische Kooperation mit Frankreich suspendiert und die wirtschaftlichen Beziehungen eingeschränkt. Zuvor hatte der türkische Botschafter Paris auf unbestimmte Zeit verlassen. Die Entscheidung des Parlaments habe dem türkisch-französischen Verhältnis »sehr schwere und irreparable Wunden« zugefügt, so der türkische Regierungschef damals. Er beschuldigte Sarkozy, aus wahltaktischen Gründen hemmungslos mit dem Hass auf Muslime und Türken zu spielen. Rassismus, Diskriminierung und Islamophobie hätten gefährliche Dimensionen in Frankreich und Europa angenommen. Die Europäer sollten erst einmal vor ihrer eigenen Tür kehren, bevor sie andere beschuldigten. Die Franzosen hätten einen Völkermord in Algerien begangen, hätten 15 Prozent der algerischen Bevölkerung zwischen 1945 und 1962 massakriert, so der Premier. Mochten andere mit diplomatischem Feingefühl an die Sache herangehen, Erdoğan ging mit dem Kopf durch die Wand. Das Verhältnis zum damaligen französischen Präsidenten hatte sich danach nie wieder erholt, es blieb kühl und distanziert bis zu Sarkozys Abwahl 2012.

Einen wahren Kumpel aber hatte Erdoğan in Gerhard Schröder – eine Männerfreundschaft, die bis heute anhält. Schröder hatte sich sehr für die EU-Mitgliedschaft der Türkei eingesetzt – seitdem sind die beiden ein Herz und eine Seele. Mit ihm kann der Präsident über das von ihm favorisierte türkische Präsidialsystem diskutieren, das Erdoğan noch mächtiger machen wird. Nicht nur das, Schröder weiß wohl instinktiv, wie türkische Politik funktioniert, dass man nämlich mit Offenheit, Freundschaft und Nähe sehr viel leichter konstruktive Beziehungen aufbauen kann.

Natürlich ist nicht ganz klar, warum der damalige Kanzler so sehr an der EU-Perspektive der Türkei festhielt. Es waren sicher auch die SPD-Stimmen der Deutschtürken, auf die er spekulierte. Noch heute nennt ein beachtlicher Anteil von ihnen die Sozialdemokraten als »Partei ihrer Wahl«. Laut einer repräsentativen Umfrage der Union Europäisch-Türkischer Demokraten (UETD) sollen bei der Bundestagswahl 2013 tatsächlich 64 Prozent der türkischstämmigen Wähler für die SPD gestimmt haben. Die Union kam auf nur sieben Prozent.

Schröder bewertete gute Beziehungen zur Türkei als in deutschem Interesse sinnvoll, offenkundig schätzte er aber auch die Tradition der langjährigen deutsch-türkischen Freundschaft. Innenpolitisch war es keineswegs einfach, seine Linie durchzusetzen. Denn schon 2004 waren zwei Drittel der Deutschen gegen einen türkischen EU-Beitritt. Und die Union machte Druck auf die rot-grüne Koalition. Doch Schröder war bereit, diesen Gegenwind auszuhalten, die Vorteile einer türkischen EU-Mitgliedschaft immer und immer wieder zu betonen. Von CDU und CSU verlangte er mehr Ehrlichkeit in dieser sehr emotional geführten Debatte. Denn schließlich hatten seit 1963 alle deutschen Regierungen, ob nun von der SPD oder der CDU geführt, angekündigt, dass die Türkei beitreten könne, wenn bestimmte Kriterien erfüllt seien. Alles andere sei »blanker Populismus«, so Schröder. Es gab auch strittige Punkte wie die Armenien-Frage. (Als Ex-Kanzler ging er mit dieser aber recht offensiv um, begrüßte den Vorschlag Erdoğans zur Bildung einer armenisch-türkischen Historikerkommission, damit die Ereignisse im Ersten Weltkrieg »fair aufgearbeitet« würden. Und er hoffte, dass Armenien darauf eingehen würde.)

Von der guten Chemie zwischen den beiden Regierungschefs profitierten auch deutsche und türkische Firmen. Deutschland war schon damals der wichtigste Wirtschaftspartner der Türkei. Bereits 2004 waren dort 1800 deutsche Firmen vertreten, und angesichts von Wachstumsraten um neun Prozent standen weitere deutsche Investoren bereit.

Damals war für Erdoğan die Welt noch in Ordnung, sein Image im Westen war gut, er galt als erfolgreicher Pragmatiker. So erhielt er eine Auszeichnung nach der anderen. Die »Quadriga« zum Beispiel, eine bronzene Trophäe. Sie bekommen nur herausragende Persönlichkeiten. Im Oktober 2004 gehörte auch der türkische Ministerpräsident zu diesem Kreis als »Europäer des Jahres«. Die Laudatio hielt natürlich sein Männerfreund Gerhard Schröder.

Ein Jahr später, Schröder hatte die Wahl gegen Merkel verloren, ging er auf Abschiedstour in die Türkei und wurde dort mit Standing Ovations empfangen. Als Zeichen der Völkerverständigung gab es traditionelle anatolische Musik, aber auch von

Wolfgang Amadeus Mozart und Ludwig van Beethoven. Hoch symbolisch war auch die Wahl von Beethovens 9. Sinfonie mit der »Ode an die Freude« – die Europahymne. Die Gastgeber schlugen dem Freund der Türkei einen Altersruhesitz an der Mittelmeerküste vor, was Jahre später tatsächlich in Erfüllung ging. Schröder kam auch mit einer frohen Botschaft: Die »privilegierte Partnerschaft ist vom Tisch«! Die EU verhandele mit der Türkei nur mit dem Ziel einer Vollmitgliedschaft.

Das war ein Trugschluss. Denn mit Kanzlerin Merkel lagen die deutsch-türkischen Beziehungen de facto auf Eis.

Deutschland und die Türkei entfremdeten sich, mit schwerwiegenden Konsequenzen für beide Seiten. Häufig ergriff Schröder danach das Wort und attackierte Merkels engstirnige Türkei-Politik. Er bedauerte, dass die Bundesregierung die »historische Chance« nicht ergriffen hatte, und warnte vor den Folgen: eine zunehmend nationalistische Politik in der Türkei, die das Land isolieren und zurückwerfen und Europa in seiner Sicherheit gefährden würde.

Und in der Tat, enttäuscht von dieser Entwicklung, hatte der türkische Elan nachgelassen, die Fortschrittsberichte wurden von Mal zu Mal düsterer: Missachtung von Menschenrechten und der Rechtsstaatlichkeit, mangelnde Meinungs- und Pressefreiheit. Vor allem aber beharrte die EU-Kommission auf der Lösung der Zypern-Frage. Sie machte Druck, Ankara solle die türkischen Häfen für Schiffe aus dem griechischen Süden der Insel öffnen, und beklagte die schleppenden Verhandlungen über die Wiedervereinigung der geteilten Insel.

In den folgenden Jahren war Erdoğan, zermürbt vom Abwehrkampf, aggressiver und autoritärer geworden. Sein Image in Deutschland wendete sich zum Negativen. So geriet auch der »Steiger Award«, der ihm 2012 in Bochum für »Menschlichkeit und Toleranz« verliehen werden sollte, zu einem Fiasko. Ex-Bundeskanzler Gerhard Schröder, der erneut als Laudator vorgesehen war, bekam es ebenfalls zu spüren. Armenier, Kurden und Aleviten protestierten gegen die Ehrung für Erdoğan. Der Empfang drohte unfreundlich zu werden, also sagte er seine Deutschland-Reise ab. Daraufhin zog die Jury den Preis zurück – wahrscheinlich mit großer Erleichterung. Schon damals wurde in der Türkei die Meinungs- und Pressefreiheit stark eingeschränkt, Journalisten, Künstler und Intellektuelle unter Druck gesetzt. Im Index für Pressefreiheit der Organisation »Reporter ohne Grenzen« war das Land auf Platz 148 abgerutscht, vor Pakistan.

Man sieht es schon an der Körpersprache, dass Angela Merkel und Recep Tayyip Erdoğan nicht miteinander können. Daran änderten die Türkei-Reisen der Kanzlerin wenig. Merkel konnte offenkundig kaum etwas anfangen mit diesem muslimischen Land, das ihr so fremd war. 2004, als CDU-Bundesvorsitzende in der Opposition, lernte sie die Türkei erstmalig kennen. Die EU-Beitrittsverhandlungen schienen eine konkrete Option zu werden – für die Union in der Mehrheit ja eine erschreckende Vision! Der Türkei-Experte Baha Güngör beschreibt das in seinem Buch *Die Angst der Deutschen vor den Türken und ihrem Beitritt zur EU* aufs Trefflichste. In der türkischen Hauptstadt angekommen, fragte Merkel die Delegation, ob denn Anatolien in Ankara beginne. Doch woher sollte sie das wissen, überlegt Güngör, wenn sie nach eigenen Angaben früher in der DDR nur bis nach Varna an der bulgarischen Schwarzmeerküste gereist war. Auch ihre zweite Frage, ob sie denn in der Türkei ein Glas Rotwein trinken dürfe, war von krasser Unkenntnis geprägt. Denn der Ort, an dem sie sich befand, hatte früher einmal eine Weinfabrik beherbergt.

Der Kontrast zu ihrem Vorgänger hätte nicht deutlicher sein können. Wo Schröder eine herzliche Männerfreundschaft mit dem türkischen Ministerpräsidenten gepflegt hatte, zeigte Merkel größtmögliche Distanz. Keine Vollmitgliedschaft, sondern eine »privilegierte Partnerschaft« – mit dieser Formel in all ihren Reden ließ sie Erdoğan stets abblitzen. Zurzeit wird diese grundsätzlich ablehnende Haltung aber nicht thematisiert. Merkel steht mit der Flüchtlingsproblematik vor der schwersten Herausforderung ihrer Amtszeit. Sollte Erdoğan wieder die Schleusen für die Flüchtlinge öffnen, könnte das innenpolitisch katastrophale Folgen für sie haben.

Dabei hatte er schon 2014 auf die sich anbahnende humanitäre Katastrophe hingewiesen und sich angesichts des Flüchtlingsstroms aus Syrien über einen Mangel an internationaler Unterstützung beklagt. Sein Land habe für die 700 000 aufgenommenen Bürgerkriegsflüchtlinge umgerechnet 2,5 Milliarden US-Dollar ausgegeben, sagte er, von den Vereinten Nationen aber nur 130 000 US-Dollar erhalten. Die Türkei werde auch in Zukunft Flüchtlinge beherbergen, aber das Land brauche die Unterstützung der Bundeskanzlerin bei den EU-Beitrittsverhandlungen. Heute leben in der Türkei drei Millionen syrischer Bürgerkriegsflüchtlinge, mehr als in jedem anderen Land. Deutschland dagegen hatte in den Jahren 2011 bis 2014 nur 28 000 syrische Flüchtlinge aufgenommen. Damals war man noch der Meinung, dass die Zahlen weiter so niedrig bleiben würden, der Syrien-Krieg Deutschland nicht erreichen werde und dass die Flüchtlinge weit weg vom europäischen Sichtfeld in den Anrainerstaaten am besten aufgehoben seien.

Im März 2016 sprach Altkanzler Schröder mit der *Zeit* über die Türkei-Politik. Er gab der Bundesregierung unter Angela Merkel die Schuld an der aktuellen Entwicklung. All seine Befürchtungen, vor denen er elf Jahre lang gewarnt hatte, seien eingetreten. Die Union sei mitverantwortlich dafür, dass die türkische Führung immer autoritärer agiere. Und was den Flüchtlingsdeal betrifft, war Schröders Analyse eindeutig: Die Versäumnisse von damals hätten nun dazu geführt, »dass wir uns heute die Zusammenarbeit mit der Türkei teuer erkaufen müssen«. Und das war nicht nur finanziell gemeint.

Für das EU-Türkei-Flüchtlingsabkommen musste die Kanzlerin große Opfer bringen, eines davon bestand darin, während eines Treffens mit Erdoğan in einem thronartigen Sessel mit osmanischen Verzierungen zu sitzen. Auf den Fernsehbildern ist das Unwohlsein von Angela Merkel überaus deutlich zu erkennen, es erinnert an die Treffen mit Wladimir Putin. In der Politik erleichtert Sympathie die Zusammenarbeit, doch hier ist das Gegenteil der Fall: Merkel und Erdoğan belauern sich misstrauisch. Mit der belehrenden Art des Türken kann Merkel nur bedingt umgehen. Mit der nüchternen Haltung der Kanzlerin kommt Erdoğan nicht klar. Doch er spürt, dass er sie in der Hand hat, dass die EU auf ihn angewiesen ist. Die »privilegierte Partnerschaft« hatte die Türkei immer abgelehnt, jetzt ist sie unter neuen Vorzeichen Realität geworden.

Der türkische EU-Beitritt ist bis heute ein innenpolitisches Schlüsselthema geblieben. Die CSU und der konservative Flügel der CDU fordern, auch durch die Wahlerfolge der AfD alarmiert, den sofortigen Stopp der EU-Beitrittsverhandlungen; eine Visafreiheit für türkische Staatsbürger kommt für sie ebenso wenig infrage. Für diesen Fall kündigte Ankara bereits an, den Flüchtlingsdeal aufzukündigen. Nach wie vor geht es um insgesamt 72 Bedingungen, die die Türkei vor der Visafreiheit erfüllen muss, davon stehen noch einige aus. Die Entschärfung der Anti-Terror-Gesetze ist dabei der strittigste Punkt. So soll die Türkei unter anderem die Definition von »Terrorismus« überarbeiten und noch enger fassen, um auszuschließen, dass missliebige Journalisten oder politische Gegner verfolgt werden können. Das wird gerade jetzt, in der Ära nach dem Putschversuch und dem Kampf gegen IS und PKK, mit der Türkei kaum zu realisieren sein.

Die Mehrheit der Union hält sich bislang noch bedeckt, will

der Kanzlerin beim mühsam ausgehandelten Türkei-Flüchtlings-deal nicht in den Rücken fallen. Sollte Erdoğan aber versuchen, die Eskalationsstufe weiter zu erhöhen, wird es schwer, die Kooperation aufrechtzuerhalten. Die Einführung der Todesstrafe wäre sicher so eine rote Linie. »*Idam isteriz!* Wir wollen die Todesstrafe!« Überall dort, wo sich Präsident Erdoğan öffentlich zeigte, schallte ihm nach dem Putschversuch dieser martialische Ruf entgegen. Sollte er diesen Schritt gehen, müsste die Europäische Union handeln. Das hat unter anderem die italienische EU-Außenbeauftragte Federica Mogherini unmissverständlich erklärt.

Der türkische Präsident hält dagegen: »Wir stehen seit 53 Jahren vor der Tür der EU. Wir haben während dieses Prozesses die Todesstrafe abgeschafft. Und was hat es gebracht?« Sollte das Parlament der Wiedereinführung der Todesstrafe zustimmen, werde er das Gesetz unterschreiben. Und er warnt: »Wenn die EU uns bis 2023 hinhält, dann verliert sie uns.« Zum hundertjährigen Jubiläum der Republikgründung will die Türkei nicht nur zu den stärksten Wirtschaftsnationen gehören, auch die EU-Mitgliedschaft soll dann perfekt sein. Und wieder ist nicht ganz klar, ob Erdoğan es ernst meint oder nur blufft.

## Ein Ruck geht durch die Türkei

Mit dem Versprechen, Islam und Demokratie zu vereinen, war die AKP 2002 an die Macht gekommen. Erdoğan wollte die Menschen im Land versöhnen. Jeder sollte nach seiner Façon glücklich werden. Dann wurde ein Reformpaket nach dem anderen verabschiedet, um aus der Türkei ein demokratischeres und wohlhabenderes Land zu machen, aber auch, um die EU-Kriterien zu erfüllen. Erdoğan, ehrgeizig und gestaltungswillig wie kaum ein anderer, wollte das realisieren, was keiner türkischen Regierung vor ihm gelungen war: ein Teil Europas zu sein. So vollbrachte die Türkei ein »Wunder« nach dem anderen. Innerhalb von wenigen Monaten schaffte sie die Todesstrafe ab, ließ die kurdische Sprache zu und entschärfte die Anti-Terror-Gesetze. Minderheitenrechte und Meinungsfreiheit wurden verbessert, die Macht der Generäle beschnitten.

Im Zypern-Konflikt überraschte Erdoğan mit einem Vorstoß, die Wiedervereinigung der seit 1974 geteilten Insel und damit die Aufnahme der ganzen Insel in die EU zu ermöglichen. Das hatte ihn viel Arbeit gekostet, die Nationalisten im Parlament von seinem Kurs zu überzeugen, denn die Zypern-Frage ist und bleibt von großem nationalem Interesse. Bei dem Referendum im April 2004 stimmten die Inseltürken deutlich mit 75,8 Prozent für den Wiedervereinigungsplan des UN-Generalsekretärs Kofi Annan, die griechischen Zyprer lehnten ihn dagegen mit 64,9 Prozent ab. Für einen Erfolg des Referendums wäre die Zustimmung beider Volksgruppen nötig gewesen. Daher wurde faktisch nur der griechische Landesteil ein Mitglied der EU. Mit ihrem Nein hatten die Inselgriechen die Wiedervereinigung von Zypern verhindert. Während am 1. Mai 2004 auf den Straßen von Nikosia bei Souvlaki und Ouzo gefeiert wurde, herrschte im türkischen Lefkoşa Katerstimmung.

Bevor die AKP an die Macht gelangte, fehlte es an politischer Stabilität; alle paar Jahre wechselte die Regierung. Das Land war hoch verschuldet, die Inflation lag bei 70 Prozent, es gab Mängel im Bildungs- und Gesundheitswesen, Korruption und rund zehn Millionen Arbeitslose. Mit der AKP begannen goldene Jahre. Die Ökonomie wuchs zwischen acht und neun Prozent, die Türkei war damit eine der am schnellsten wachsenden Volkswirtschaften der Welt. Das Pro-Kopf-Einkommen verdreifachte sich. Dieser Wohlstand ist ein Hauptgrund dafür, dass Erdoğan

Wahlen gewinnt und er auch unter den Türken in Deutschland so viele Anhänger hat. Die Wirtschaftsreformen waren aber schon von der Vorgängerregierung begonnen worden. Denn nach der Bankenkrise von 2001 hatte der damalige Ministerpräsident Bülent Ecevit mit Kemal Derviş einen ausgezeichneten Wirtschaftsminister ernannt, der von der Weltbank kam und ein straffes Stabilisierungsprogramm einleitete.

Es ist eine Erfolgsgeschichte, vor allem für das islamisch-konservative Milieu. Und ein Beweis dafür, was eine offene Gesellschaft mit ihren kreativen, innovativen Ideen alles vollbringen kann. Nicht nur Istanbul stieg zur schillernden, weltoffenen Metropole auf, die keinen Vergleich mit London oder Paris scheuen musste, auch in der Provinz boomte die Wirtschaft. Es entstand eine neue Mittelschicht: das islamisch-konservative Bürgertum, arbeitsam und fromm zugleich, manche nennen sie »islamische Calvinisten«. Es sind diese kleinen und größeren Betriebe, die mit Fleiß und Askese für den stärksten Antrieb der türkischen Wirtschaft gesorgt haben, vor allem im anatolischen Hinterland. Charakteristisch ist ihnen ihre feste Verankerung im islamischen Wertesystem.

Es ist ein belebender Kreislauf, denn die wirtschaftliche Entwicklung hat ebenso das islamisch-konservative Milieu verändert, es aus seinem traditionellen Schneckenhaus geholt, es offener und weltlicher gemacht. Denn wer religiöse Pflichterfüllung so einsetzt, kann sicher sein, im Diesseits finanziell belohnt zu werden. Solche Aussagen wecken natürlich Assoziationen an die protestantische Ethik, wie sie der Soziologe Max Weber als Erklärung für den Geist des rationalen Kapitalismus heranzog. In Anatolien liest freilich kaum jemand Max Weber, dafür aber den Koran, aus dem Gläubige ihre Kraft schöpfen.

Vor der Erdoğan-Ära wurde dieses Potenzial kaum erkannt. Denn für die kemalistische Wirtschaftselite war der Islam ein Synonym für Rückständigkeit. Mit dieser arroganten Grundein-

stellung trieb sie das islamisch-traditionelle Milieu ins Abseits.
Viele aus diesem Milieu sind einst als »Gastarbeiter« nach
Deutschland gekommen. Dass ihre Nachfahren Erdoğan-Anhänger geworden sind, ist nicht verwunderlich. Islam und wirtschaftlicher Erfolg erschienen früher als unvereinbar, also wurde die Religion zurückgedrängt. Die AKP aber nutzte die Kraft
der Religion, um die Frommen zu mobilisieren. Sie ging einen
Pakt mit ihnen ein, der lautet: Wir sorgen für euren Wohlstand,
dafür lasst ihr uns nach unserer Vorstellung weiterregieren.

Erdoğans Tatendrang überraschte selbst die säkulare Elite, sogar Künstler und Intellektuelle, die ihn zuvor misstrauisch beäugt hatten. Ja, es gab Ängste vor einer geheimen »islamischen
Agenda«, vor dem »Wolf im Schafspelz«, der seine wahre Identität noch offenbaren würde. Doch alles in allem überwog die
Euphorie. Die vorherrschende Meinung, auch bei den Intellektu-
ellen, war: Der neue Ministerpräsident ist zwar religiös, tastet
aber das Lebensmodell und die persönlichen Freiheiten der modernen Türken nicht an.

Westliche Journalisten reagierten mit Lob und Anerkennung.
Wenn jetzt AKP-Anhänger in ihrer Empörung über den Westen
behaupten, dass deutsche Medien die Türkei schon immer her-
abgewürdigt hätten, dann entbehrt das jeglicher Grundlage.
Deutsche Journalisten verglichen die islamische AKP damals
mit der CDU, einer im Kern religiösen Partei, die aber gleichzeitig liberal und demokratisch ist.

Das Jahr 2005 war ein Wendepunkt in den Beziehungen zur
EU. Der Beliebtheitsgrad der EU unter Türken war so hoch wie
nie: 74 Prozent sprachen sich damals für eine Mitgliedschaft
aus. Ironie des Schicksals: Während sich Türken mehrheitlich
darauf freuten, ein Teil Europas zu sein, wollten zwei Drittel der
Deutschen die Türkei auf keinen Fall in der EU sehen. Das war
ernüchternd. Nach Ansicht der Türken hatte sich ihr Land so
stark engagiert, um all die EU-Kriterien zu erfüllen, und jetzt

grenzte man sie weiterhin aus. Mit den Jahren sank die EU-Euphorie. 2011 wollten nur noch 34 Prozent der Türken in die Europäische Union, heute sind es nicht mehr als 19 Prozent.

Professor Faruk Şen, der frühere Leiter des Zentrums für Türkeistudien in Essen und jetzt Vorsitzender der deutsch-türkischen Stiftung für Bildung und wissenschaftliche Studien (TA-VAK) in Istanbul, hat das Auf und Ab der EU-Begeisterung in der Türkei untersucht. Bis 2009 war Şen selbst ein leidenschaftlicher Befürworter des türkischen EU-Beitritts. Inzwischen sieht er es viel kritischer. Die EU habe sich immer mehr zu einer »christlichen Werte-Union« entwickelt, sagt er. Nun müsse sich die Türkei verstärkt nach neuen Alternativen umsehen. Islamophobie und Turkophobie hätten sich etabliert, vor allem in der Phase von Merkel und Sarkozy. Die stetig sinkende Zustimmung für die EU sind für ihn keine Überraschung. Denn tatsächlich denken viele Türken, dass ihr Land diskriminiert werde. Von der Türkei werde viel mehr abverlangt als von anderen Beitrittskandidaten. Dafür gibt es starke Argumente. Denn während Bulgarien und Rumänien 2007 in die EU gleich durchgewinkt wurden, befindet sich die Türkei weiterhin in der Warteschleife. Noch Jahre nach dem Beitritt erfüllten die beiden osteuropäischen Länder nicht die rechtsstaatlichen Standards der EU, ihre Wirtschaftskraft war deutlich geringer als die in der Türkei.

Erdoğans Reformen hingegen waren wegweisend, sie veränderten das Land in solch einem Tempo, dass viele Beobachter sie atemberaubend fanden. Sogar in der festgefahrenen Kurdenpolitik unternahm er Schritte, die bis dahin nicht machbar und möglich schienen. Auch hier hatte er sein Versprechen gegenüber der EU eingehalten und die restriktive türkische Kurdenpolitik, die bis in die späten Neunzigerjahre 40 000 Menschen das Leben gekostet hatte, revidiert. Erdoğan, anders als seine Vorgänger, war damals davon überzeugt, dass der Kurdenkonflikt nicht militärisch gelöst werden konnte. Damit stieß er die Kema-

listen und die Nationalisten im Parlament vor den Kopf. Sie
trauten den Kurden nicht. Es war vorerst zwar nur von mehr
freiheitlichen Rechten die Rede, Erdoğans Kritiker waren aber
zutiefst davon überzeugt, dass er die Kurden am Ende dazu ermunterte, sich von der Türkei abzuspalten.

Mit dem Friedensprozess hoffte der Präsident gleich zwei
Fliegen mit einer Klappe zu schlagen: die Sicherung eines Teils
der kurdischen Stimmen für die AKP und die wirtschaftliche
Entwicklung der von militärischen Auseinandersetzungen ge-
schundenen Regionen. Wenn sich der mehrheitlich kurdische
Südosten zu blühenden Landschaften entwickelte, würde das
der Türkei insgesamt nutzen, war seine Strategie. Was folgte,
war ein Segen für den Südosten des Landes.

Diyarbakır, die Stadt am Tigris, war damals nicht mehr wie-
derzuerkennen. Früher donnerten ständig Kampfjets über die
Metropole. Überall an den Straßen standen türkische Soldaten,
und während des Ausnahmezustands wurden die Menschen aus
ihren Fahrzeugen gezerrt und zur Leibesvisitation in eine Reihe
gestellt. In der Entspannungsphase aber saßen junge Menschen
zufrieden und teetrinkend in alten Karawansereien oder in modernen Cafés, überall war ein zweisprachiger Mix aus Kurdisch
und Türkisch zu hören. Auch die kurdischen Liedermacher
konnten nun in ihrer eigenen Sprache singen. Davor standen sie
als Künstler mit einem Bein im Gefängnis, und manch einer, so
erzählte man sich hier, zog den Schlafanzug unter die Stra-
ßenkleidung, bevor er zum Konzert ging, man wusste ja nie, ob
man nicht danach abgeführt wurde.

Auch die große Hinweistafel im Zentrum der Stadt mit der
Aufschrift »*Ne mutlu Türküm diyene* – Glücklich, wer ein Türke
ist« war verschwunden. Die Metropole war angewachsen auf
1,6 Millionen Einwohner, mit modernen Geschäftshäusern, Kli-
niken und Universitäten – die Aussicht auf anhaltenden Frieden
hatte die Wirtschaft beflügelt. »Wir haben mehr Meinungsfrei-

heit, wir können uns nun auch über die kurdischen Medien informieren«, sagten die Menschen auf der Straße. Die Erzieherinnen in den Kindergärten sprachen von Assimilation und der Dominanz der türkischen Sprache, die man durchbrechen müsse. Jetzt wurde hier konsequent Kurdisch gesprochen. Die Kinder trugen kurdische Namen wie Rênas oder Mîrza.

Wo man auch hinkam: Die kurdische Sprache war ein zentrales Thema. Sie war zwar als Fremdsprache an staatlichen sowie Privatschulen erlaubt, der Staat war aber für die Genehmigung und Durchführung des Unterrichts verantwortlich. Noch hatte Ankara das Sagen, doch die Rathäuser, ermuntert durch die beschlossenen Reformen, agierten in vielen Bereichen schon autonom und stellten die türkische Regierung immer wieder vor vollendete Tatsachen – und sie wollten mehr. Denn bei vielen Kurden war der Geist der Rebellion wach geblieben, die alten Reflexe funktionierten – der Staat war der Unterdrücker. So testeten sie weiter die Geduld der Türken, vor allem die Jugendorganisation der PKK: YDG-H (Yurtsever Devrimci Gençlik Hareketi; Bewegung der revolutionären-patriotischen Jugend). Ihre Akteure verübten Anschläge auf türkische Grundschulen, setzten Atatürk-Denkmäler in Brand oder holten türkische Fahnen vom Mast, so lautete damals die ständige Klage in den türkischen Zeitungen. Es waren gezielte Provokationen, die die türkischen Nationalisten, aber auch die Republikaner empörten. Erdoğan habe den Kurden zu viele Zugeständnisse gemacht – diese Auffassung setzte sich verstärkt durch.

Wie viele andere Rathäuser in dieser Region war damals auch das Rathaus von Diyarbakır fest in der Hand der prokurdischen Partei für Frieden und Demokratie, BDP. Ihre Vorgänger waren immer wieder verboten worden, weil sie als politischer Arm der PKK galten. Doch in diesen Jahren des Aufbruchs schien sie keiner mehr aufhalten zu können. Warum auch? Selbst der inhaftierte PKK-Chef Abdullah Öcalan, der nach der Abschaffung der Todesstrafe 2002 nicht hingerichtet worden war, saß auf seiner Gefängnisinsel İmralı im Mamarameer und durfte von seinen früheren Mitstreitern Besuch empfangen. Neue Zeiten waren angebrochen, ganz neue Töne zu hören. Auf dem Ratsgebäude hing ein großes Schild in kurdischer Schrift. Auch den zentralen Platz in Diyarbakır, der früher mal Dağkapı hieß, hatte der kurdische Stadtrat umbenannt nach einem Rebellen, der nach einem Aufstand gegen die türkische Republik, 1925, an dieser Stelle gehängt worden war. Jetzt trug er den Namen »Şeyh Said Meydanı«.

Es war diese entschlossene antitürkische Haltung der kurdischen Seite, die am Ende eine Wende in Erdoğans Kurdenpolitik eingeläutet hat. Er kündigte den Friedensprozess auf, seine Kritiker meinen, aus purem Machtkalkül, weil ihm die prokurdische HDP (Demokratische Partei der Völker) zu mächtig geworden war und die Kurden weder bereit waren, die AKP zu wählen, noch sein Präsidialsystem zu unterstützen. Als Folge des überraschend hohen Stimmenzuwachses der prokurdischen Partei HDP hatte die AKP bei der Parlamentswahl im Juni 2015 die absolute Mehrheit verloren. Jetzt war Erdoğan auf einen Koalitionspartner angewiesen. Doch die Gespräche zwischen der AKP und den Oppositionsparteien HDP, MHP (Partei der Nationalistischen Bewegung) und CHP (Republikanische Volkspartei) scheiterten, die im Parlament vertretenen Parteien konnten sich nicht auf eine Koalition einigen. So kam es zu Neuwahlen am 1. November 2015.

Viele Beobachter hatten es nicht für möglich gehalten: Die Regierungspartei AKP errang erneut die absolute Mehrheit, übrigens auch mit den Stimmen der türkischen Wähler in Deutschland – 59,7 Prozent. Aus keinem anderen europäischen Land erhielt die AKP eine derart hohe Zustimmung wie aus der Bundesrepublik. Zudem war der Anteil für die AKP unter den deutsch-türkischen Wählern deutlich höher als in der Türkei selbst, wo die Partei rund 49 Prozent der Stimmen holte. Für Erdoğan und seine Lobbyorganisationen in Europa war das eine willkommene Motivation, weiter auf die türkische Diaspora zu setzen. Mit dem Wahlergebnis waren alle Hoffnungen der Opposition zerstört, die Allmacht der »Ein-Mann-Regierung« zu durchbrechen. Die Menschen hatten sich aus einem Sicherheitsbedürfnis heraus hinter den starken Mann Erdoğan gestellt.

Im Südosten herrscht wieder Bürgerkrieg. Ende Oktober 2016 wurde unter anderem auch die Bürgermeisterin von Diyarbakır, Gültan Kışanak, festgenommen. Sie war den Behörden bereits Ende 2014 – beim Kampf um die syrische Grenzstadt Kobanê – negativ aufgefallen, weil sie sich mit den syrisch-kurdischen Kämpfern der YPG solidarisiert und mit türkischen Grenzsoldaten angelegt hatte. Wegen mutmaßlicher Unterstützung der PKK kamen weitere kurdische Politiker in Haft, zuletzt mehrere Abgeordnete der HDP, darunter ihr Vorsitzender Selahattin Demirtaş.

Die einhellige Meinung der westlichen Medien: Erdoğan fühlte sich durch den Erfolg der kurdisch dominierten Partei HDP in seiner Macht bedroht. Das mag wohl stimmen, doch ist es nicht die ganze Wahrheit. Denn auch die PKK hat den Konflikt angeheizt, allzu bereitwillig griff sie wieder zu den Waffen. Es waren vor allem die radikalen Kräfte, die eine Chance für die Unabhängigkeit witterten. Die Erfolge des Friedensprozesses reichten ihnen nicht. Sie riefen sogar »befreite Zonen« aus, in denen Türken nicht erwünscht waren. Schon vor dem Ende des Friedensprozesses starben jeden Tag türkische Polizisten und Soldaten in den Straßen durch Angriffe kurdischer Separatisten. Die Kurdische Arbeiterpartei kämpft nicht etwa für die Rechte der Werktätigen, wie ihr harmloser Name suggeriert, in ihr gibt es Männer- und Fraueneinheiten, die abends mit Kalaschnikows durch die Straßen patrouillieren.

Vor allem die Frauenverbände haben es einigen deutschen

Medien angetan. Ob in Kobanê oder in den Bergen Nordiraks, sie werden in langen Reportagen heroisiert. Viele Türken sind darüber irritiert. Woher nur diese PKK-Sympathie? Andere separatistische Bewegungen in Europa, wie die ETA in Spanien oder die IRA in Nordirland, werden von der öffentlichen Meinung im Westen weitgehend als bedenklich angesehen, die Anschläge mit zahlreichen Todesopfern stark kritisiert.

Gerade in dieser Phase des türkisch-kurdischen Konflikts erwartet die Türkei von Deutschland – wenn schon kein Verständnis – ein differenzierteres Bild der Lage. Die meisten Türken, auch in Deutschland, ob nun AKP-Anhänger oder nicht, haben große Probleme mit dem Separatismus der PKK. Sie sehen die Partei als militärischen Arm der HDP und wollen, dass die PKK sich von ihr distanziert. Nicht zuletzt haben die Auseinandersetzungen der Türkei mit der PKK, die in Europa als Terrororganisation gilt, auch Auswirkungen auf Deutschland. Deutsche Politiker warnen nicht umsonst davor, dass dieser innertürkische Konflikt verstärkt auf deutschen Straßen ausgetragen werden könnte und es nun vermehrt zu Zusammenstößen unter den Türkeistämmigen kommen könnte, wie schon zuvor in den Neunzigerjahren.

## Islam und Demokratie – kann das funktionieren?

Erdoğan, so schwärmte einst der Journalist und Nahostexperte Peter Scholl-Latour, sei ein »mächtiger Magier und Hoffnungsträger«. Mit ihm sei die tragende Rolle der Türkei sichtbar geworden. Die Europäer hätten recht, den Arabern zu raten, dem Beispiel der postkemalistischen Türkei nachzueifern, die die islamische Ausrichtung der AKP mit den Vorstellungen westlicher

Demokratien zu versöhnen scheine. Die Rede war vom »Arabischen Frühling« und von der Rolle der Türkei. Und in der Tat: 2010 brillierte die Türkei plötzlich als Vorbild, zwar damals noch alles andere als perfekt, doch dem Westen zeigte sie, dass es möglich war, Islam und Demokratie zu einer Synthese zu vereinen. Die AKP hatte die islamistischen Wurzeln ihrer Vorgänger abgelegt, ihre Führer waren auf dem Weg an die Macht zu Pragmatikern geworden. Das »türkische Modell« war nun in aller Munde, vor allem die Bewunderung für das, was die Türkei erreicht hatte. Ein äußerst positives Bild setzte sich in der öffentlichen Meinung durch. Es gab keine klaren Anzeichen dafür, dass Erdoğan eines Tages zum autoritären Alleinherrscher werden könnte.

Erdoğan wollte den Umsturz in den arabischen Staaten für seinen Machtgewinn nutzen, schlug sich auf die Seite der Demonstranten in Ägypten und Tunesien. Er riet ihnen, sich ihrer Diktatoren Mubarak und Ben Ali zu entledigen. Von Gaddafi und Assad distanzierte er sich ebenfalls. Er pries überraschenderweise die Trennung von Staat und Religion, verteidigte damit den Laizismus als einzige Möglichkeit, die islamischen Länder mit Demokratie und Modernisierung zu versöhnen.

Die Botschaft, die die Türkei ab 2010 an die Länder des Nahen und Mittleren Ostens sendete, war eindeutig: Erstens ist der Islam kein Hindernis für Demokratie und zweitens haben islamische Länder ohne Reformen im 21. Jahrhundert keine Überlebenschance mehr.

Es war nun an der Zeit, die türkische Führungsrolle in der muslimischen Welt zu beanspruchen. Denn Europa konnte keine Hauptoption mehr sein. In der EU, vor allem in Deutschland, gab es zu große Widerstände gegen die Türkei. Erdoğans Verdienste waren nicht gebührend gewürdigt worden, also schaute er sich schon damals nach neuen Partnern um. Inmitten der

Glaubensbrüder, so hoffte er, würde die Türkei die Anerkennung bekommen, die ihr bisher verweigert wurde.

Der Architekt dieses außenpolitischen Konzepts der »Strategischen Tiefe« war der frühere Außenminister und spätere Ministerpräsident Ahmet Davutoğlu – damals noch ein enger Freund Erdoğans. Als oberstes Prinzip der neuen Herangehensweise galt die sogenannte Null-Problem-Politik mit den Nachbarländern, mithin eine Annäherung an die muslimischen Staaten und die Rückbesinnung auf alte glorreiche Zeiten. Die traditionelle Westorientierung sollte zwar noch bestehen bleiben, aber von nun an wollte sich die Türkei an dem geografischen Erbe und den religiös-kulturellen Wurzeln des Osmanischen Reichs orientieren.

Die neue Strategie scheiterte schnell und gründlich. Der Militärputsch 2013 in Ägypten unter General Abdel Fattah al-Sisi beendete Erdoğans Dominanz-Vorstellungen. Dabei hatte er fest damit gerechnet, mit den in diesem Land regierenden Muslimbrüdern unter Mohammed Mursi eine sunnitische Allianz bilden zu können. Erdoğans Freund Mursi kam ins Gefängnis, die Demonstrationen seiner Anhänger wurden auf dem Kairoer Rābiʿa al-ʿAdawiyya-Platz blutig niedergeschlagen. *Rābiʿa* bedeutet auf Arabisch »vier«, zudem war Mursi der vierte ägyptische Präsident. Seitdem hält Erdoğan bei jeder Gelegenheit vier Finger in die Höhe, um gegen Mursis Sturz zu protestieren. Aber auch, um seine Abneigung gegen das Militär zu demonstrieren, das einen demokratisch gewählten Präsidenten abgesetzt und festgenommen hatte. Allerdings, so die neue Einsicht, kann es sich die Türkei nicht leisten, mit Ägypten zu brechen. Jetzt sollen bereits hinter verschlossenen Türen Versöhnungsgespräche geführt werden. Die Realpolitik zwingt Erdoğan, permanent seine Außenpolitik zu revidieren.

Auch in Syrien rächte sich die vorschnelle Festlegung. Erdoğan hatte sich schlicht verrannt. Lange hatte er darauf spekuliert, dass sich der Nachbar Syrien die Türkei politisch zum Vorbild nehmen möge. Im Jahr 2010 hatten Erdoğans und Assads Familie sogar zusammen ihren Urlaub verbracht – damals bezeichnete er den syrischen Machthaber noch als seinen Bruder. Als es aber zum Bürgerkrieg kam, machte der türkische Präsident hier ebenfalls eine 180-Grad-Kehrtwende und forderte Assads Sturz. »Schon bald werden wir nach Damaskus reisen und in der Umayyaden-Moschee beten«, tönte er. Assad ist immer noch an der Macht und die Türkei inzwischen Kriegspartei.

Die Türkei hatte beste Chancen, im Arabischen Frühling als Vorbild dazustehen und ihr Einflussgebiet ausdehnen zu können. Doch die Staatsspitze setzte außenpolitisch immer wieder auf das falsche Pferd. Die Folge: Chaos an allen Fronten, Isolation und mit fast allen islamischen Ländern zerstritten. Somit war die Null-Problem-Politik von Davutoğlu an ihre Grenzen gestoßen, manche nennen sie die »Null-Freunde-Politik«. Das hat auch viel mit Erdoğans Unberechenbarkeit zu tun. Manchmal funktioniert seine Improvisation, oft bleibt ein außenpolitischer Scherbenhaufen zurück. Seine wohl größte Fehlkalkulation war es aber, den »Islamischen Staat« gewähren zu lassen, damit der den syrischen Machthaber Assad stürzt und gleichzeitig den syrischen Ableger der PKK bekämpft. Dass sich die terroristischen Attacken des IS irgendwann einmal auch gegen die Türkei richten könnten, hatte er offenkundig nicht für möglich gehalten.

Ohnehin lässt sich das türkische Modell kaum für den arabischen Raum adaptieren. Die türkische Republik entstand aus den Trümmern des multiethnischen und multireligiösen Osmanischen Reichs und ist im Kern noch eine der wenigen funktionierenden muslimisch-säkularen Demokratien – wenn auch mit inzwischen größeren Defiziten. Gleichzeitig ist der Laizismus als das wichtigste Leitprinzip der Republik in der türkischen Verfassung fest verankert, was die Türkei ihrem Staatsgründer Kemal Atatürk zu verdanken hat. Dadurch hatten die Türken

einen jahrzehntelangen Vorsprung in Demokratie und Säkularisierung. Das unterscheidet sie von den Menschen anderer arabischer Staaten. Schon 1946 führte die Türkei ein Mehrparteien-
system ein und gab sich eine an den Westen angelehnte, liberale
Verfassung. Ohne den Kemalismus und seine Errungenschaften
hätte es die jetzige Regierungspartei nicht gegeben.

Mit vielen Rückschlägen hatte das Land zu kämpfen, allen
voran mit den Militärputschen von 1961,1971,1980 und schließlich 1997 – ein De-facto-Putsch, als die gewählte Regierung der
islamischen Wohlfahrtspartei (RP) unter Necmettin Erbakan –
dem Ziehvater Erdoğans – durch den Druck der Militärs zurück-
treten musste. Auch Recep Tayyip Erdoğan bekam das Säbelras-
seln zu spüren. 1997, da war er schon drei Jahre erfolgreicher
Bürgermeister von Istanbul, wurde er zu mehreren Monaten Gefängnis verurteilt, weil er einen islamischen Vers rezitiert hatte.
Begründung: Er habe nach Artikel 312 des türkisches Strafgesetzbuchs zu religiösem Separatismus aufgerufen und damit das
Volk zu Hass und Feindschaft angestachelt.

Der Staat und mit ihm das türkische Militär als Hüter des Kemalismus achteten penibel darauf, dass der politische Islam
nicht Fuß fassen konnte, dass die Trennung von Staat und Religion gewahrt blieb. Von diesen Grundprinzipien des Kemalismus profitiert heute die ganze türkische Gesellschaft. Erst der
Kemalismus hat den AKP-Politikern die Chance zur politischen
Entfaltung gegeben, auch wenn sie jetzt mit ihrer mehr und mehr
autoritären Haltung die Demokratie konterkarieren.

Die Türken lebten mit der Symbiose von Ost und West, jetzt
wird aber der Islam betont. Mit den neuen Regierungen des Arabischen Frühlings waren die ersten Kontakte enttäuschend ver-
laufen, aber die Türkei hatte noch andere Optionen: die ganze
muslimische Welt! Der Präsident geht seitdem ständig auf Werbetour, reist von einem islamischen Land zum nächsten, besucht
eine Organisation nach der anderen. Sein Ziel: Er will die kultu-

relle und wirtschaftliche Zusammenarbeit unter den Glaubens-
brüdern stärken. Seine Devise: »*Tek çıkış yolu birlik* – der einzige Ausweg ist die Einheit.«

Dass die Türkei auch mit islamischen Ländern kooperiert, ist
nichts Ungewöhnliches, ungewöhnlich undiplomatisch sind
aber die politischen Töne: Ob in Palästina, im Gazastreifen oder
im arabisch-afrikanischen Raum, überall, so Erdoğan, würden
die Muslime unterdrückt. Sie würden nicht etwa für ihre reiche
Kultur und Geschichte geschätzt, nein, es sei etwas anderes, was
den Westen antreibe. »Jene, die von außen in die islamische
Welt kommen, mögen Öl, Gold und Diamanten und die billigen
Arbeitskräfte. Sie mögen unsere Uneinigkeit, unseren Tod, sie
mögen es, unsere Kinder sterben zu sehen, aber glaubt mir, sie
mögen uns nicht«, sagte er im November 2014 bei einem Treffen der muslimischen Länder, die wirtschaftlich miteinander ko-
operieren. Man versuche die Muslime kleinzuhalten, doch sie
dürften die Rolle als Verlierer nicht akzeptieren, so sein Fazit.
Und weil er all diese Wahrheiten ausgesprochen habe, sei er zur
Zielscheibe der westlichen Medien geworden. Sie störten sich
einfach daran, »dass wir keine Unterscheidung treffen zwischen
Sprache, Religion und Rasse, dass wir die Rechte der Muslime
verteidigen«. Der Islam kenne keine Nationen und halte alle
Muslime in einer großen Gemeinschaft zusammen, propagiert
Erdoğan.

Das mag bestenfalls theoretisch zutreffen. Angesichts der aktuellen politischen Lage und unterschiedlicher Interessen ist
kaum eine Solidarität unter den muslimischen Staaten sichtbar.
Bei den regierungsfreundlichen Zeitungen in der Türkei jedenfalls wurde seine Rede als »historisch bedeutsam« eingestuft,
wie auch viele seiner anderen Ansprachen, so etwa vor der Organisation für Islamische Zusammenarbeit (OIC), die unlängst
in Istanbul, wie von Erdoğan angeordnet, die Bewegung des
Predigers Fethullah Gülen als terroristische Organisation ein-

stufte. Nun sollen alle 57 Mitgliedstaaten der OIC gegen »Fetö« vorgehen, obwohl die meisten noch nie etwas von dieser Bewegung gehört haben.

Schon vor der AKP-Regierung suchten Politiker die Nähe zu den muslimischen Staaten. Manche sahen sich an der Seite vom Iran, von Pakistan, Nigeria oder an der von Bangladesch. Doch die Türkei wirkte damals wie ein Fremdkörper in ihrer Mitte, zu laizistisch und zu prowestlich. Heute passt es besser. Für den türkischen Präsidenten, der seine muslimische Identität immer stärker zur Schau trägt, ist das die ideale Plattform. Hier kann er sich als selbst ernannter Anführer des »Emanzipations- und Befreiungskampfs« gegen den Westen präsentieren. Hier findet er ein dankbares Publikum für die Parolen von Unterdrückung, Kolonialismus und Imperialismus, die er dem Westen entgegenschleudert.

Daher auch seine Anteilnahme am Schicksal der Palästinenser, die 2009 zu einem Eklat beim Weltwirtschaftsforum in Davos führte. Erdoğans Attacke auf den verstorbenen ehemaligen israelischen Premierminister Schimon Peres ging unter der Bezeichnung »One Minute« in die Geschichte ein. Aus dem kurzen Zwischenruf wurde eine lange Standpauke an die Adresse des verdutzten Peres, die der türkische Präsident mit dem Satz beendete: »Ihr versteht es zu töten.« Ein Jahr später dann das Unglück mit der *Mavi Marmara*. Eine der AKP nahestehende Organisation hatte das Schiff – mit Hilfsgütern beladen – auf den Weg geschickt, um die Gaza-Blockade zu durchbrechen. Israelische Militärs enterten das Schiff, neun türkische Aktivisten kamen dabei ums Leben. Für seinen Mut wurde Erdoğan von den Palästinensern gefeiert, mit Israel – dem früheren Verbündeten – gab es ein ernstes Zerwürfnis. Erst 2016 versöhnten sich die beiden Länder – auch nur aus Kalkül, weil die Türkei auf die israelischen Touristen angewiesen war.

Als ihr selbst ernanntes Oberhaupt wäre es dem türkischen

Präsidenten jedoch am liebsten, wenn die Muslime ihre Probleme alleine lösen würden. Daher plädiert er neuerdings auch dafür, gemeinsam gegen die Terrororganisation IS vorzugehen: »Wenn er (der Westen) dort eingreift, dann nur wegen des Erdöls, nicht um den Frieden zwischen uns herbeizuführen.«

In Zeiten der Polarisierung zwischen der islamischen Welt und dem Westen ist das keine ungewöhnliche Auffassung unter Muslimen. Doch Erdoğan führt die Polarisierung fort, facht diesen Kulturkampf sogar ideologisch an. Es fehle den Muslimen an Selbstbewusstsein, obwohl sie doch Großartiges vollbracht hätten: die Entdeckung Amerikas! »314 Jahre vor Kolumbus erreichten muslimische Seefahrer im Jahr 1178 den amerikanischen Kontinent«, erklärte er. Kolumbus selbst soll den Beweis dafür geliefert und von einer Moschee auf einem Hügel an der Küste Kubas berichtet haben. Mit dieser Interpretation der Geschichte steht er ziemlich allein.

Für die Türkei plädiert er, den Blick lieber auf sich selbst zu richten. Das Land müsse seine eigene Kultur, seine Geschichte pflegen, statt den Westen blindlings zu imitieren. Bei einer Rede im Bildungsministerium beklagte er sich über die Unwissenheit der seiner Meinung nach zu westlich geprägten Schüler, sie würden sich nicht mehr für islamische Wissenschaftler, Dichter oder Ärzte interessieren: »Wenn man fragt, wer Einstein ist, hat jeder türkische Schüler eine Antwort parat. Aber Ibn Sina kennt keiner.« Es ist Erdoğans liebstes pädagogisches Projekt, eine »islamische Generation« zu erziehen, was sich in den Lehrplänen der Schulen allmählich bemerkbar macht.

Das hat auch Folgen für die zweite und dritte Generation der Deutschtürken, die dem Dauerfeuer der »Erdoğan-Missionierung«, vor allem über die türkischen Medien, ausgesetzt sind. Auf die schwierigen Fragen der nationalen Identität zwischen der Türkei und der neuen Heimat Deutschland hat er jedenfalls nur einfache Antworten.

## Die »Ein-Mann-Show« beginnt

Nach der letzten Parlamentswahl am 1. November 2015 druckte die oppositionelle türkische Tageszeitung *Sözcü* auf dem Titelblatt den siegreichen Erdoğan ab. Sein trickreicher Plan, die absolute Mehrheit wiederzuerlangen, war aufgegangen. Er hatte gekämpft wie ein Löwe, jetzt würde ihn niemand mehr aufhalten können. Auch die neuen Ministerposten waren aufgelistet, angefangen vom Außenminister bis zur Familienministerin: Überall war dasselbe Gesicht zu sehen – das von ihm. Schon vor dem Präsidialsystem vereint er faktisch alle Ämter in einer Person und ohne wirklich demokratische Regeln. Es genügt nicht, dass er seine Macht immer weiter ausdehnen konnte, auch die Neutralitätspflicht des Präsidenten ist für ihn ohne Bedeutung.

Seine Gegner sind entsetzt über diese »Ein-Mann-Show«, seine Anhänger aber schätzen diese Omnipräsenz. Ja, sie bewundern seine Energie. Um ihnen seine Erfolge zu verdeutlichen, durchstreift der Meister der Selbstinszenierung unermüdlich sein Land. Während seiner Amtszeit habe die Türkei über 600 Milliarden türkische Lira verdient, über 110 Tunnel, über 50 Flughäfen gebaut, unzählige Krankenhäuser, Straßen, Universitäten und Schulen. Und früher? Stromausfälle, Versorgungsengpässe, keine funktionierende Verwaltung, das Gesundheitssystem und die Bildungseinrichtungen am Boden. Seine Botschaften sind überaus selbstlobend – auch nach den Maßstäben des Orients. Aber seine Anhänger geben ihm vorbehaltlos recht. Wenn sie an die früheren entbehrungsreichen Zeiten denken, sind sie ihm dankbar. Denn mit der wirtschaftlichen Stärke kam auch ihr Selbstbewusstsein zurück.

So war es selbstverständlich, dass schon zu Lebzeiten dem Personenkult gehuldigt und Erdoğans Leben verfilmt wurde. *Reis* heißt der Streifen – »Das Oberhaupt« –, der rechtzeitig zum Referendum über das angestrebte Präsidialsystem auch in den

deutschen Kinos zu sehen war. Der Film gibt einen kleinen Aus-
schnitt aus Erdoğans Leben wieder, wie das Kind gläubiger Eltern sich im Istanbuler Armeleuteviertel Kasımpaşa durchboxen
musste und er es am Ende doch noch schaffte, 1994 Oberbürger-
meister von Istanbul zu werden. Schon als Kind versprüht er
eine besondere Aura. Dem Imam fällt das »Leuchten« in seinen
Augen auf. Erdoğan ist auch sozial eingestellt, er lehrt anderen
das Beten. Der Film endet mit seiner Verhaftung, weil er jenes
islamisch gefärbte Gedicht vorgetragen hat. Seinen Anhängern
gilt die Haftstrafe noch heute als Symbol für die unfaire Behand-
lung frommer Muslime zu jener Zeit.

Der Haupt- und Erdoğan-Darsteller Reha Beyoğlu – ein be-
geisterter Fan des Präsidenten – sagte in der türkischen Presse,
*Reis* sei kein politischer Film, sondern habe nur die Botschaft,
zu zeigen, wie Erdoğan wirklich sei: ein äußerst hilfsbereiter,
kinderlieber und warmherziger Mensch, ein Feind der Reichen
und ein Freund der Armen. So sehen es wohl auch seine anderen
Anhänger. Er ist einer von ihnen, und er hat demonstriert, dass
man am Ende alles erreichen kann, selbst wenn man wie er einst
Sesamkringel und Wasser verkaufen musste. Dass er offenbar
kein Universitätsdiplom besitzt und nach der Satzung des türkischen Wahlausschusses eigentlich gar nicht als Präsident hätte
kandidieren dürfen – auch das löst ein müdes Schulterzucken
aus. Würde Erdoğan sogar vor laufender Kamera einen Goldbar-
ren in der Erde verscharren, sein Image würde keinen Kratzer
abbekommen. Seinen Anhängern vermittelt er vor allem diese
Erkenntnis: Die Türken sind stark und mächtig und müssen
nicht wieder irgendwo als »Gastarbeiter« vor fremden Türen
betteln gehen. Zwar ist das Wirtschaftswachstum inzwischen
auf knapp 2,7 Prozent gesunken und die Arbeitslosigkeit gestie-
gen, doch sie halten ihm die Treue, darunter viele Deutschtürken. Sie könnten zurück in ihr prosperierendes Land und hätten
dort ein angenehmes Leben. Auch könnten sie sich in Kranken-

häusern, die europäischen Standards entsprechen, behandeln lassen, wie schon ihre Onkel, Tanten und Cousins in der Türkei – alles dank Erdoğan.

Als »Bauminister« nahm der türkische Präsident bislang ziemlich viele Mammutprojekte in Angriff, ließ Brücken, Tunnel, Wolkenkratzer und Staudämme bauen. Wenn er einen Plan hat, wird der ohne Wenn und Aber umgesetzt. Istanbul, die Stadt auf zwei Kontinenten, ist da die perfekte Kulisse. Vermutlich nirgendwo sonst auf der Welt wurde in so kurzer Zeit an derart vielen aufsehenerregenden Projekten gearbeitet. »Marmaray« etwa, ein S-Bahn-Tunnel unter dem Bosporus, der seit 2013 in Betrieb ist und Europa und Asien verbindet. Oder der Eurasien-Tunnel, ein 5,4 Kilometer langer Doppeldecker-Highway, der sogar acht Monate früher fertiggestellt wurde als geplant. Bei seiner Einweihung saß Erdoğan höchstpersönlich am Steuer seines Fahrzeugs, Ministerpräsident Binalı Yıldırım war Beifahrer, als sie auf dem Meeresgrund die Kontinente überquerten. Auch die dritte nach Yavuz Sultan Selim (neunter und grausamer Sultan des Osmanischen Reichs) benannte Bosporus-Brücke wurde in Rekordzeit gebaut; mangelnde Arbeitsschutzrichtlinien und starke Motivation könnten dies beflügelt haben. Damit hofft die Regierung, das Verkehrschaos auf Istanbuls Straßen zu bewältigen.

Tausende Arbeiter bauen zurzeit im Schichtdienst am dritten Istanbuler Flughafen. Er soll – ganz unbescheiden – der größte der Welt werden, die Heimatbasis der Turkish Airline. Von ihm sollen weltweit 350 Ziele angeflogen, jährlich 150 Millionen Passagiere befördert werden, mit ihm wird unser Land das Drehkreuz Frankfurt übertrumpfen, schwärmen regierungsnahe Zeitungen. Der Zeitdruck ist immens, denn schon 2018 soll der Flughafen eröffnet werden. Verzögerungen wie beim Bau des Berliner Flughafens kommen in Erdoğans Welt nicht infrage. Dabei gab es zu Beginn auch Widerstand. Das Areal liegt an der

Schwarzmeerküste im Norden von Istanbul. Experten warnten, dass das Megaprojekt die letzten Wälder und Trinkwasserreservoirs Istanbuls zerstören und das ohnehin fragile Ökosystem der 15-Millionen-Metropole gefährden würde. Der Bauboom befeuert aber die Konjunktur, und Erdoğan gilt nach wie vor als der Präsident, der die türkische Wirtschaft gestärkt hat. *»America first!«* Warum soll das nicht auch für die Türkei gelten? Wer das kritisiert, gilt als Feind, zumindest als Außenseiter. Bei den Menschen hat der Mut, auf der Straße zu protestieren, ohnehin nachgelassen.

Ein weiteres Großprojekt wird geplant: Auf Wunsch des umtriebigen Politikers soll ein zweiter, künstlicher Kanal parallel zum Bosporus entstehen, der das Schwarze Meer mit dem Marmarameer verbindet. Es ist eine mehr als gewagte Idee, die Umweltschützer auf die Barrikaden treibt. Gleichwohl sehen viele das Projekt als sinnvoll an. Jedes Jahr befahren rund 50 000 Tanker und Schiffe die chronisch überlastete Meerenge – eine brandgefährliche Situation für die Stadtteile direkt am Bosporus.

Auf diese gigantischen Projekte sind AKP-Anhänger stolz, empfindlich reagieren sie allerdings auf deutsche Berichte mit Überschriften wie »Erdoğan protzt mit Bosporus-Brücke«, »Größenwahn am Bosporus«, »Irrsinn in Istanbul« oder »Die ganze Stadt eine Baustelle, Baulärm und Gentrifizierung!«. Ist das nicht auch in anderen europäischen Großstädten so?, fragen sie. In deutschen Internetforen schwingt ebenfalls immer ein bisschen Häme mit: »Erdoğan versucht wohl verzweifelt, sein Land in die EU zu drücken«, heißt es da beispielsweise. Diese Reaktionen treffen durchgehend auf Unverständnis. Der Stolz, aus eigener Kraft zahlreiche Großprojekte zu verwirklichen, verdeutliche, dass die Türkei keineswegs der »kranke Mann am Bosporus« sei.

Der neue Präsidentenpalast ist nicht minder ein enormes Machtsymbol. Obwohl der Staatspräsident nach der Verfassung

weitgehend repräsentative Aufgaben hat, sieht sich Erdoğan eindeutig in einer anderen Stellung. Doch wer will und kann das
schon verhindern? Als erster direkt vom Volk gewählter türkischer Präsident sei er dazu befugt, sagt er. Wenn er Staatsgäste
empfängt, stehen Wächter in historischen Uniformen mit Rüs-
tungen und Speeren Spalier, ertönen Fanfaren. Auch das hat in
deutschen Medien für Spott gesorgt, was vielen traditionell ein-
gestellten Türken so gar nicht gefällt. Der Bau repräsentiere nun
mal das türkische Erbe – die seldschukisch-osmanische Tradition. Die Amerikaner hätten ihr Weißes Haus, sie ihren Weißen
Palast. Bemerkenswert und kennzeichnend jedenfalls, dass es
den Präsidenten nach einem Domizil verlangt, das mit 1150
Zimmern größer ist als der Buckingham Palace oder das Weiße
Haus. Er ließ den Palast mitten in einem Naturschutzgebiet errichten. Mehrere Gerichte, zuletzt das höchste Verwaltungsge-
richt, hatten den Bau untersagt. Erdoğan reagierte wie erwartet:
»Sollen sie den Palast doch abreißen, wenn sie die Macht dazu
haben.« Sie hatten die Macht nicht.

Die türkische Wirtschaft hat eigentlich gewaltiges Potenzial.
Doch sie leidet aktuell unter dem Streit mit der EU. Erdoğans
scharfe Rhetorik und die Drohungen gegen den Westen werden
europäische Investoren abschrecken. Auch die politische Lage
im Land selbst ist mehr als instabil. Seit dem Putschversuch, den
anschließenden Säuberungen und den Terroranschlägen ist die
Türkei für internationale Konzerne riskant geworden. Die chronisch negative Handelsbilanz und die hohe Verschuldung der
Bürger konnten in der Vergangenheit durch den florierenden
Tourismus gemildert werden – das ist zurzeit nicht mehr der
Fall.

Hinzu kommt nach dem Putschversuch Erdoğans Wunsch
nach Vergeltung, ja, sogar Rache. Wegen mutmaßlicher Gü-
len-Unterstützung wurden bisher 700 Unternehmen unter staatliche Zwangsverwaltung gestellt, darunter milliardenschwere

Konzerne oder ehemals als »anatolische Tiger« gefeierte mittel-ständische Familienbetriebe. Deren Besitzer wurden zum Teil verhaftet, ihre Betriebe entweder zu Schnäppchenpreisen ver-kauft oder zerschlagen. Die Zehntausenden von Beschäftigten stehen seitdem ohne Arbeit auf der Straße. Dabei war der wirt-schaftsliberale Kurs der AKP einst der Garant für die boomende Wirtschaft. Jetzt herrscht Chaos, die Unfreiheit gefährdet den Wohlstand, die Zukunft des Landes.

Weil die türkische Lira an Wert verliert, hat der Präsident ein Notprogramm auf die Beine gestellt und fordert: »Tauscht Dollar und Euro in Lira um.« Im ganzen Land gibt es nun patriotische Kampagnen mit zum Teil skurrilen Aktionen: Wer den Um-tauschbeleg vorlegt, erhält ein kostenloses Essen, eine Rasur oder einen Grabstein. Bei einem Umtausch von 5000 US-Dollar gibt es sogar ein kostenloses Hochzeitskonzert. Auch die drei Millionen Deutschtürken sollen den weiteren Kursrutsch aufhal-ten. Im Netz wirbt man mit dem Slogan: »Tausch deinen Dollar, zerstöre das Spiel.« Damit ist das »Komplott der ausländischen Mächte« gemeint. Es existieren keine ökonomischen Gründe für den Absturz der Lira. Schuld an allen Problemen seien andere.

Die AKP-Regierung, allen voran der türkische Präsident, heizt mit einer »Wir und ihr«-Taktik die gesellschaftliche Pola-risierung bewusst an, provoziert einen Kulturkampf als Mittel des Machterhalts, der sogar zum Bürgerkrieg führen könnte. Während der Gezi-Proteste im Mai und Juni 2013 schwebte die-se Gefahr greifbar nah über der Türkei. Die Menschen reagier-ten größtenteils besonnen, zu groß war damals die Angst vor ägyptischen Verhältnissen. Die Warnung Erdoğans an die Adres-se seiner Widersacher war eindeutig. Er könne »50 Prozent sei-ner Anhänger nur noch mit Mühe zu Hause halten«.

Das geplante Fällen der Bäume im Gezi-Park im Herzen Istanbuls – sie sollten einem Einkaufszentrum in der Optik einer osmanischen Kaserne weichen – löste den harten Konflikt aus.

Im Grunde ging es um Selbstbestimmung und Bürgerrechte – die Grundrechte, die für junge Menschen in Europa und in Istanbul selbstverständlich sind. Zehntausende gingen damals auf die Straße, angetrieben von der angestauten Wut auf Erdoğan, der sie ihrer Meinung nach immer mehr drangsalierte.

Die Proteste begannen am Istanbuler Taksim-Platz und breiteten sich von dort auf andere Städte aus. Es wurde eine wahre Bürgerbewegung. Zum ersten Mal beteiligten sich Menschen aus allen gesellschaftlichen Schichten daran, ungeachtet ihrer politischen Meinung. Eine neue Protestkultur war entstanden, bunt und kreativ, als wollten diese jungen Menschen das nachholen, was ihnen ihre Altersgenossen im Westen in den Sechzigern und Siebzigern schon vorgelebt hatten, als wollten sie sagen: »Schaut her, auch das ist die Türkei.«

Tagsüber zelteten sie im Gezi-Park und hielten ihn besetzt, abends, Punkt 21:00 Uhr, wurde auf Töpfe und Pfannen geklopft, als akustisches Zeichen ihres Protests. Nachdem nun auch Hunderttausende in anderen türkischen Städten auf die Straße gingen, reagierte der damalige Ministerpräsident Erdoğan mit einem Großeinsatz der Polizei, mit Tränengas und Wasserwerfern. Am 15. Juni 2013 ließ er den Park gewaltsam räumen. Selbst der Tod junger Aktivisten, die er als »Vandalen« und »Plünderer« schmähte, konnte ihn nicht stoppen. Schon einen Tag später rief er seine Anhänger in Kazlıçeşme, einem Viertel von Istanbul, zu einer Großdemonstration auf. Eine Million Menschen wurden eigens mit öffentlichen Verkehrsmitteln, also auf Staatskosten, für die Parteipropaganda herantransportiert, um sie gegen die Demonstranten in Stellung zu bringen. Der Versammlungsplatz war rot von türkischen Fahnen, Erdoğan hatte den Kern seiner Anhänger hinter sich versammelt.

Nach Überzeugung vieler war das keine spontane Aktion, es steckte eine klare, durchdachte Strategie dahinter. Erdoğan versuchte ganz bewusst die nationale Hysterie anzuheizen, die Gesellschaft zu spalten und den Widerstand zu brechen. Er machte sich sogar lustig über die Gezi-Demonstranten: »Wenn ihr zelten wollt, dann macht das doch auf einer Alm.« Einer der bewegendsten Momente während der Proteste war es, als ein unbekannter junger Mann als Zeichen seines Protests acht Stunden lang unbewegt auf dem Taksim-Platz stand, seine Augen gerichtet auf das Konterfei des Republikgründers, das an der Fassade des Atatürk-Kulturzentrums hing.

In diesen Tagen verfolgten auch die Deutschtürken wie gebannt die Ereignisse in ihrem Herkunftsland. Sie waren aufgewühlt, hatten Angst, dass die Gewalt weiter eskaliert. Zu Hause liefen die Fernseher ununterbrochen, es wurde jede Entwicklung heftig diskutiert. Den Frommen, denen Erdoğan Wohlstand und mehr Freiheiten gebracht hatte, fehlte das Verständnis für die Vorgänge, sie sagten: »Erdoğan hat das Land reich gemacht, wegen ein paar dürrer Bäumchen zerstören diese Vandalen alles.« Doch immerhin war die türkische Gesellschaft noch nicht völlig gespalten. Heute wundert es nicht, wenn Andersdenkende als »Volksverräter« bezeichnet werden.

Die anderen, die westlich Orientierten, waren förmlich elektrisiert von diesem Aufbruch. Die Menschen dort ließen sich ja doch nicht alles gefallen! Sie hofften, dass wenigstens der zu dieser Zeit amtierende Präsident Abdullah Gül, der besonnen und versöhnlich aufgetreten war, die gefährliche Lage entschärfen würde. Doch der eher liberale AKP-Politiker konnte sich gegen Erdoğan nicht durchsetzen.

Anfang Juni 2013 verschärfte sich die Situation, als die Polizei die Demonstranten vom Taksim-Platz an den Bosporus drängte, wo zahlreiche junge Menschen in die Dolmabahçe-Moschee flüchteten. Freiwillige Ärzte versorgten dort die Verletzten – ihnen war es zu verdanken, dass wenigstens in dieser Nacht niemand zu Tode kam. Dann die ungeheuerliche Behauptung von Erdoğan: »Sie haben die Moschee mit Schuhen betreten. Sie tranken dort sogar Alkohol.« Es gilt als respektlos, sich in eine Moschee in Straßenschuhen zu begeben, und der Konsum von Alkohol gilt für einen gläubigen Muslim als Frevel. Der Imam der Moschee, einer, der seinen Glauben noch sehr ernst nahm und sich nicht einschüchtern ließ, erklärte, dass nichts dergleichen vorgefallen sei. Für diese Aussage musste er schwer büßen: Er wurde von Istanbul in die Provinz verbannt.

Es hieß sogar: Sie – die Demonstranten – haben »unsere Schwester«, eine Frau mit Kopftuch, »verprügelt«! AKP-nahe Medien spannen diese Geschichten fort, mit fingierten Indizien und montierten Aufnahmen. Die Frau sei von einer wilden Horde von Männern vergewaltigt, ihr Kind misshandelt worden. Auf den Bildern von Überwachungskameras war davon nichts zu sehen. Beweise wurden nicht vorgelegt.

Als er an die Macht kam, war Erdoğans weltanschauliche Haltung: leben und leben lassen. Damit konnte er auch viele nicht religiöse, liberal orientierte Intellektuelle für sich gewinnen. Einst hatte er Künstler sogar zu einem gemeinsamen Frühstück eingeladen, um sie in seine Pläne einzubinden. Er hatte kenntnisreich mit ihnen geplaudert, hatte von Dialog und gegenseitigem Verständnis gesprochen und dass es möglich sei, zusammen eine bessere Türkei zu erschaffen. Doch dann beteiligten sie sich an den Protesten, waren aus seiner Sicht undankbar und ungehorsam.

Einer von ihnen war Serkan Koç. Nach den Gezi-Protesten trat er in einer Fernsehsendung auf, er war ruhig und gefasst. Der Istanbuler Regisseur hatte eine Dokumentation über den Widerstand im Park produziert. Er war Gast bei einem der wenigen regierungskritischen Sender, bei dem er seine Dokumentation *Bu daha başlangıç* (»Das ist erst der Anfang«) vorstellen durfte. Zugegeben, der Titel klang für die Regierungspartei bedrohlich, trotzdem konnte der Regisseur die Aufregung nicht verstehen. Gänzlich unkommentiert habe er die Atmosphäre ein-

gefangen, unterlegt mit Redeausschnitten des erregten Ministerpräsidenten. Die DVD habe sich blendend verkauft. Nun ermit-
telte die Staatsanwaltschaft gegen ihn. Er soll den Ministerprä-
denten beleidigt, mit seinem Film Hass und Feindschaft gesät
haben.

Das Ermittlungsverfahren gegen Regisseur Koç war kein Ein-
zelfall. Allein in Istanbul standen zwischen 2013 und 2014 insgesamt 255 Demonstranten vor Gericht – Widerstand gegen die
Staatsgewalt, Sachbeschädigung, Hilfeleistung für Kriminelle
wurde ihnen vorgeworfen. Koç hoffte noch, es möge zu keiner
Anklage kommen. Denn nicht er, sondern der Ministerpräsident
selbst habe die Menschen gegeneinander aufgehetzt. Er habe alles in seinem Film dokumentiert.

Rund neunzig Künstler hatten damals in einer Zeitungsanzei-
ge ihre Sorgen zum Ausdruck gebracht. »Zorn und Hass liegen
abermals in der Luft. Das Reden von ›wir‹ und ›ihr‹ polarisiert
die Gesellschaft immer weiter«, schrieben sie. Unter den Unter-
zeichnern waren namhafte Autoren wie Orhan Pamuk und Yaşar
Kemal. Viele von ihnen hatten die Proteste unterstützt, so auch
der Schriftsteller und Komponist Zülfü Livaneli. Der heute
Siebzigjährige hatte in seinem künstlerischen Leben schon viel
durchgemacht. Seine Lieder wurden verboten, er wurde inhaftiert, dann die Flucht ins Exil. Er selbst habe der AKP nie ganz
getraut, äußerte er gegenüber einer türkischen Zeitung. Die an-
fängliche Unterstützung für Erdoğan erklärte er mit der starken
Hoffnung der Türken auf echte Demokratie, was seiner Meinung
nach immer weniger erfüllt werde. Bitter stellt er fest: »Wir bewegen uns zu einem Punkt hin, wo eine gesellschaftliche Gruppe, die den Islam hochhält, andere unterdrückt, ihnen die Luft
zum Atmen nimmt und ihren Lebensbereich immer mehr ein-
engt.«

Sie waren maßlos enttäuscht, vor allem Linke und Liberale.
Regelrecht ausgehungert, sehnten sich viele nach stabilen politi-

schen Verhältnissen, nach Frieden und Freiheit und wollten so ab 2002 der islamisch-konservativen AKP eine Chance geben, auch mangels echter Alternativen. Sie war so etwas wie eine letzte Hoffnung in einem Land, das wirtschaftlich am Boden lag, in dem das Militär wieder und wieder gegen eine zivile Regierung geputscht hatte, begleitet von Verhaftungen, Folter und Verfolgung.

Die Generäle hatten versucht, Erdoğan zu entmachten. Denn spätestens 2007 merkten sie, dass ihre Herrschaft ernsthaft gefährdet war. Sie planten das Verbot der AKP, jedoch Mitte 2008 scheiterte das Verfahren vor dem türkischen Verfassungsgericht. Dass Erdoğan diesen Kampf gewann, machte ihn vollends zum Sieger. Er begann daran zu arbeiten – übrigens mithilfe des damaligen Weggefährten Fethullah Gülen –, das Militär in seine Schranken zu weisen.

Die Staatsanwaltschaft leitete Ermittlungen gegen die sogenannte Ergenekon-Gruppe ein, die angeblich Anschläge geplant habe, um die amtierende, rechtmäßige Regierung zu stürzen. Hunderte Offiziere, Politiker, Generäle und Journalisten wurden damals verhaftet und in Schauprozessen zu langen Haftstrafen verurteilt. Auch wenn antimilitaristische Kreise dies vielfach guthießen, wurden rechtsstaatliche Regeln nicht eingehalten, die Vorwürfe waren offensichtlich frei erfunden, Dokumente gefälscht und Zeugen manipuliert worden. Im Frühjahr 2014 kamen etliche Beschuldigte wieder frei. An den Folgen der langen Haft leiden sie noch heute. Der Premier jedoch sprach erneut von einem »Komplott«, das ihm sein jetziger Feind und damaliger Freund Gülen eingebrockt habe. Heute braucht er die türkische Armee mehr denn je – im Kampf gegen den IS und die PKK.

Ungeachtet der zahlreichen inneren und äußeren Konflikte begann Erdoğan im November 2013 einen Feldzug gegen seinen Rivalen Gülen mit der Ankündigung, Tausende seiner Privatschulen zu schließen. Diese sind eine wichtige Einnahmequelle

für die Gülen-Bewegung. Istanbuler Staatsanwälte, die, so die
Vermutung, der Organisation nahestehen, ließen im Gegenzug
mehrere Dutzend Verdächtige aus dem Umfeld der Erdoğan-Re-
gierung unter Korruptionsverdacht festnehmen. Das brachte die
Regierung unter Zugzwang. Nach dem Rücktritt dreier in den
Skandal verwickelter Minister bildete Erdoğan sein Kabinett
um – der Versuch eines Befreiungsschlags.

Doch im Internet tauchten nun Telefonmitschnitte mit Ministerpräsident Erdoğan auf, der seinen Sohn beauftragt, Millio-
nensummen vor Korruptionsermittlern in Sicherheit zu bringen.
Montage, Fälschung, hieß es sogleich. Gülen versuche ihn mit
perfiden Netz-Attacken zu stürzen. Das traf ihn bis ins Mark. Im
März 2014 fanden Kommunalwahlen statt, also kämpfte er in
diesen Tagen den innenpolitischen Kampf seines Lebens.

Für Erdoğans Klientel, auch für seine Anhänger in Deutschland, waren die Korruptionsvorwürfe kein Grund zum politischen Wechsel. Sie sagten: In einem Kilo Obst seien immer ein
paar verfaulte Früchte, das sei normal. Spekulanten hätten die
Türkei ins Visier genommen, auch die USA, Israel, die Zinslobby
und natürlich der in den Vereinigten Staaten lebende islamische
Prediger Fethullah Gülen. Die Geldzählmaschinen, die in der
Wohnung eines Ministersohns gefunden wurden, seien dort ab-
sichtlich platziert worden, die riesigen Summen seien privates
Geld. Die Millionen US-Dollar – deponiert bei einem Bankdirek-
tor zu Hause und in Schuhkartons – seien Spendengelder für den
Bau einer religiösen Schule gewesen. Für fromme AKP-Wähler
stehen eben islamisch-nationale Werte über allen anderen.

Korruption ist nicht nur ein türkisches Problem, doch der Umgang damit in der Republik war erstaunlich. Hunderte Polizei-
beamte wurden 2014 versetzt, der ermittelnde Staatsanwalt in
Istanbul abgezogen. Er hatte, so wird spekuliert, zu energisch
ermittelt. Das angebliche Vater-Sohn-Telefonat, das Erdoğan so
erzürnt hatte, wurde zwar zur Überprüfung der Staatsanwalt-

schaft ausgehändigt, doch man ging ihm nicht weiter nach. Die Beschuldigten kamen alle aus der Untersuchungshaft frei.

Erdoğan hatte auch diese Krise überstanden. Zu mächtig war der Ministerpräsident, zu wortgewandt und mit allen taktischen Finessen ausgestattet, als dass man ihn so besiegen konnte. Dabei war die AKP unter anderem an die Macht gelangt, weil sie versprach, die Korruption zu bekämpfen. Mit diesem Problem aufgewachsen, hatten die Türken mehrheitlich die AKP gewählt, in der Hoffnung, dass die Partei damit Schluss macht. Nun rückte Erdoğan davon ab. Mehr noch, er zeigte mit dem Finger anklagend auf die, die die Korruption aufgedeckt und verfolgt hatten.

## Worte wiegen schwer in der Türkei

Inzwischen hat sich mehr und mehr ein Kulturkampf entwickelt, der hauptsächlich über die Medien ausgetragen wird. Der Staatssender TRT ist zur Verkündungsmaschinerie der Regierung verkommen – das war allerdings unter den Kemalisten nicht anders. Erdoğan-Reden, die wie Predigten wirken, werden über Stunden ausgestrahlt, und zwar unkommentiert. Kemal Kılıçdaroğlu, Vorsitzender der CHP, der größten Oppositionspartei, kann sich glücklich schätzen, wenn er in einer TRT-Sendung interviewt wird. Er sei seit fünf Jahren das erste Mal von TRT eingeladen worden, sagt er. Offenkundig auch nur deshalb, weil er sich mit Erdoğan solidarisiert und an der großen »Demonstration für die Märtyrer« nach dem Putschversuch teilgenommen hatte. Dass dies kein dauerhaftes Friedensangebot des Präsidenten war, bekamen er und andere CHP-Abgeordnete unmittelbar danach zu spüren. Erdoğan erstattete gegen sie Strafanzeige wegen Belei-

digung. Ihre einzige Verfehlung: Sie hatten die Regierung kritisiert.

Die staatliche Aufsichtsbehörde RTÜK, die von der AKP do-
miniert wird, straft Sender immer wieder mit hohen Bußgeldern
ab, stoppt gar den Programmbetrieb, und das mit dubiosen Begründungen. Es ist kein Zufall, dass es fast immer die regierungskritischen Sender trifft. Doch schon lange vor dem Putschversuch spitzte sich die Lage zu. Einige türkische Medien berichteten damals von einer Art »schwarzen Liste«, die der
Innenminister abarbeiten würde, um mit »parallelen Strukturen«
im Staat abzurechnen.

Oppositionelle Zeitungen wie *Cumhuriyet* oder *Sözcü,* die der
sozialdemokratischen CHP nahestehen, kämpfen seit 2014 einen fast aussichtslosen Kampf. Eine Menge Konfliktstoff hatte
sich aufgestaut: Erdoğan habe die Gewaltenteilung aufgehoben,
missbrauche die Religion für politische Zwecke, verspiele Atatürks Erbe, schrieben sie. Das Emblem der AKP, die Glühbirne,
die Licht und Aufklärung symbolisieren soll, habe seine Berech-
tigung verloren. Der Journalist Emin Çölaşan warnte damals,
sollte Erdoğan Staatsoberhaupt werden, würde »der Amtssitz
des Präsidenten zur AKP-Parteizentrale umfunktioniert und die
Diktatur offiziell verkündet«. Was kann er jetzt noch schreiben,
wenn das Präsidialsystem endgültig eingeführt wird?

Erdoğan kennt keine Hemmungen, direkt in den Redaktionen
anzurufen, um etwa in die Programmgestaltung einzugreifen
oder die Entlassung von Journalisten zu fordern. Mehrfach waren Telefonmitschnitte im Internet veröffentlicht worden. In einer der Aufnahmen verlangte Ministerpräsident Erdoğan vom
Verantwortlichen des Fernsehkanals Habertürk, den Beitrag
über einen oppositionellen Parteivorsitzenden unverzüglich aus
dem Programm zu nehmen, weil der die Regierung kritisiert und
zu viel Sendezeit bekommen hatte. Wie der Fernsehverantwort-
liche sich kleinlaut mit einem »Ihr Befehl ist angekommen« ent-

schuldigt und gehorcht hatte, all das wurde millionenfach im Netz verbreitet. Es gab kein Dementi, dass dieses Gespräch nicht stattgefunden hatte.

Für Can Dündar, dem ehemaligen Chefredakteur der *Cumhuriyet*, stehen solche Mechanismen exemplarisch für die Einschränkung der Meinungs- und Pressefreiheit. Dündar lebt inzwischen im Exil und schreibt unter anderem für deutsche Zeitungen. Für ihn symbolisiert der Umgang mit diesem Telefonmitschnitt eine »Epoche der Repression gegen die Medien«, aber er steht ebenso für ergebene Medienmanager, »die aufstehen, wenn sie mit ›Chefs‹ sprechen, und ihr Jackett zuknöpfen«. Auch die oppositionelle Berichterstattung ist nicht immer objektiv, zum einen, weil die Medienlandschaft stark polarisiert ist, zum anderen, weil die übermächtige AKP-Regierung ihre Gegner beständig in die Defensive drängt. Doch nun entsteht langsam eine Art Gleichschaltung. Fast niemand kann sich vor Verfolgung sicher sein.

Das trifft etwa auf den Medienkonzern Doğan zu, dem unter anderem der Nachrichtensender CNN Türk und die liberal-konservative Tageszeitung *Hürriyet* gehören. Das Blatt hatte einst über einen riesigen Spendenskandal rund um die AKP berichtet. Der Premier rief erst zum Boykott der Doğan-Medien auf, dann wurde die Steuerbehörde aktiv. Der Konzern musste ein Bußgeld in Milliardenhöhe bezahlen. Wegen angeblicher Steuervergehen sind schon andere Zeitungen in den Ruin getrieben worden und nach dem Besitzerwechsel auf einen regierungstreuen Kurs umgeschwenkt.

Wer sich nicht an politische Vorgaben hält, kann schnell Schwierigkeiten bekommen. Konzernchef Aydın Doğan ist ständig Attacken ausgesetzt. Trotz erheblicher Zugeständnisse ließ der Druck nicht nach. Zermürbt von den permanenten Nadelstichen, haben die Kolumnisten von *Hürriyet* ihren kritischen Kurs inzwischen abgeschwächt, auch die Aufmacher haben an Schärfe verloren. In der Nacht des Putschversuchs, als Panzer in den Straßen standen, Kampfflugzeuge über Istanbul donnerten, war es aber der Doğan-Sender CNN Türk, der Erdoğan in größter Not geholfen hatte. Erdoğan meldete sich per FaceTime in der Redaktion, um sich an sein Volk zu wenden. Eine Moderatorin des Senders informierte die Zuschauer dann über ein Handy, das sie in die Kamera hielt. Ausgerechnet dieser Mann, der den Zugang zu digitalen Netzwerken sperren lässt, nutzte die moderne Kommunikation zum eigenen Überleben, indem er seine Anhänger über CNN Türk zu Protest und Widerstand aufrief. Erdoğans Dankbarkeit ist überschaubar – im Zuge der Säuberungen nach dem Putschversuch hat er dann auch gleich mehrere *Hürriyet*-Funktionäre festnehmen lassen.

Auf seine Zeitungen kann sich Erdoğan aber ganz verlassen. Die regierungsnahen Medien, die sich in diesen albtraumartigen Tagen gerne vor den Karren der Selbstzensur spannen lassen, überbieten sich mit euphorischen Meldungen. *Yandaş Medya,* Anhänger der Regierung, werden diese Blätter genannt. Das Massenblatt *Sabah* und der Fernsehsender ATV sind längst vollständig auf Linie gebracht. Auf Befehl von »oben« wechselten sie auf verschlungenen Wegen mehrmals den Besitzer und gehören jetzt einem Erdoğan genehmen Wirtschaftskonzern. Insgesamt acht Holdings teilen sich das Geschäft untereinander auf. So sind sie auch am Bau des neuen Istanbuler Flughafens, am Ausbau der Metro oder an anderen lukrativen Projekten beteiligt.

Die Nichtregierungsorganisation »Reporter ohne Grenzen« hat in ihrer Studie »Media Ownership Monitor« die politischen und wirtschaftlichen Verflechtungen in der Türkei zusammengefasst. Demnach gehören die 40 größten Medienorgane, darunter Zeitungen, Fernsehsender, Radiostationen und Internetseiten, zumeist Industriellen und ihren Konzernen, die in den Bereichen Energie, Bauwesen, Bergbau, Tourismus und Telekommunikation oder im Bankensektor ihr Geld verdienen und mit der AKP

Geschäfte machen. Sind aber große Wirtschaftskonzerne gleichzeitig als Verleger von Zeitungen oder als Besitzer von Fernsehsendern tätig, kann Pressefreiheit nicht funktionieren. Die Formel ist einfach: Willfährige Unternehmer dienen der Regierung, loben Erdoğans Politik und bekommen als Gegenleistung lukrative Aufträge.

Für Redakteure von Satiremagazinen wird die Luft zum Atmen ebenfalls allmählich dünn. Erdoğan, der keine Kritik duldet, geht seit Jahren mit Dutzenden »Beleidigungsklagen« juristisch gegen sie vor. Aufgezehrt durch diese Mechanismen, halten sich inzwischen immer mehr von ihnen ein Hintertürchen ins Ausland offen, wie der Chefredakteur der unter jungen Leuten beliebten Satirezeitschrift *LeMan,* der, wie viele vor ihm, vorsorglich Frau und Kinder in Paris in Sicherheit gebracht hat.

Solange Journalisten auf Regierungskurs bleiben, drohen ihnen keine Nachteile, während oppositionellen Kolumnisten jederzeit die Schließung ihrer Blätter droht. Nicht umsonst sagt Elif Shafak, eine der international erfolgreichsten türkischen Schriftstellerinnen: »Die Worte wiegen schwer in der Türkei. Worte können jeden sehr schnell in Bedrängnis bringen.« Viele üben da lieber Selbstzensur, denn sie haben stets die Konsequenzen im Blick: Drohungen, Entlassungen und Prozesse.

Es gehört tatsächlich viel Mut und eine große Portion Durchsetzungsvermögen dazu, in der Türkei eine unabhängige Zeitung herauszugeben oder einen oppositionellen Sender zu leiten. Can Dündar war im Mai 2016 wegen »Aufdeckung eines Staatsgeheimnisses« zu einer Haftstrafe von fünf Jahren und zehn Monaten verurteilt worden, weil er einen korrekt recherchierten Bericht darüber veröffentlicht hatte, dass ein Konvoi des türkischen Geheimdienstes MIT 2014 Waffen nach Syrien lieferte. Richter des Verfassungsgerichts, die die Haft erst für ungesetzlich erklärt hatten, wurden nach dem Putschversuch selbst verhaftet, ein linientreuer Oberstaatsanwalt wurde eingesetzt. Da

Dündars Name ganz oben auf einer Verhaftungsliste stand, verließ er das Land.

Dann traf es Dündars Nachfolger und einige seiner Kollegen. Anti-Terror-Einheiten stürmten das Verlagsgebäude von *Cumhuriyet* und nahmen altgediente Redakteure fest, die immer gegen Gülen Position bezogen hatten und dafür sogar verklagt worden waren. Es war die AKP-Regierung selbst, die jahrelang vertrauensvoll und kollegial mit der Gülen-Bewegung zusammengearbeitet hatte. Die Operation im Morgengrauen gegen *Cumhuriyet,* die älteste nationale Zeitung, die ihren Namen einst von Republikgründer Atatürk verliehen bekam, hat Symbolcharakter und ist nicht weniger als eine Kampfansage an die säkulare Elite. Doch das Blatt werde nicht aufgeben, schrieben seine Redakteure. Unterstützt wurden sie von deutschen Zeitungen und Online-Medien, die auf Initiative der *Frankfurter Rundschau* eine Solidaritätsaktion starteten. Can Dündar hat den Anstoß dazu gegeben. Unermüdlich berichtet er in Deutschland über die besorgniserregende Lage in seiner Heimat und wie es dort in Wirklichkeit zugeht.

*Cumhuriyet* und *Sözcü* sind die einzigen einflussreichen und wirklich regierungskritischen Tageszeitungen, die bisher überlebt haben. Doch sie haben Angst, dass sie das gleiche Schicksal ereilen könnte wie das einst auflagenstärkste Oppositionsblatt *Zaman*. Im März 2015 gab es einen Polizeieinsatz, und es folgte die staatliche Zwangsverwaltung, weil die Zeitung der Gülen-Bewegung zugerechnet wird. Auf einmal verschwanden die anklagenden Artikel, erschien auf fast jeder Titelseite ein Bild des triumphierenden Erdoğan. Nach dem Putschversuch dann die komplette Schließung. Eigentlich sollte die Deutschland-Ausgabe weitergeführt werden. Nach Drohungen von deutsch-türkischen AKP-Anhängern gegen die Verantwortlichen, aber auch gegen die Leser musste die in Offenbach herausgegebene türkische Zeitung jedoch eingestellt werden. »Unsere Abonnenten

werden unter Druck gesetzt, unsere Anzeigenkunden werden bedroht«, sagte *Zaman*-Redakteur Esat Semiz gegenüber der *taz*.
Auch seine Familie habe Drohanrufe erhalten. Interviewpartner
seien für die Zeitung plötzlich nicht mehr zu sprechen gewesen,
zu Veranstaltungen der Türkischen Botschaft in Berlin wurde er
schon lange nicht mehr eingeladen. Er hätte nie gedacht, dass Erdoğans Arm bis nach Deutschland reichen könne. »Für viele Türken sind wir nun Terroristen, so kann keine Zeitung überleben«,
meinte Semiz.

Inzwischen wurden in der Türkei bereits mehr als 150 Medien-
unternehmen zerschlagen. Begründung: Terrorpropaganda oder
»Gefährdung der nationalen Sicherheit«. Gegen mehr als 150
Journalisten erging Haftbefehl (Stand vom 2. Februar 2017), darunter befand sich auch die zweiundsiebzigjährige Nazlı Ilıcak,
eine der bekanntesten türkischen Journalistinnen. Einst hatte sie
an Erdoğan geglaubt, ihn für seine neuen politischen Ansätze ge-
lobt. Ihr gefiel sein liberales Demokratieverständnis, sein Zuge-
hen auf die kurdische Minderheit, auch, dass er Gespräche mit
der EU aufnahm und die Todesstrafe abschaffte. Bei jeder Parlamentswahl hatte sie nach eigenem Bekunden für die AKP gestimmt. Ihr Fehler war sicher, dass sie zu lange die Augen ver-
schlossen hatte vor den autoritären Tendenzen des jetzigen türkischen Präsidenten. Denn als sie anfing, kritischere Artikel zu
schreiben, ja, sogar den Rücktritt von AKP-Ministern forderte,
die 2014 in eine Korruptionsaffäre verstrickt waren, wurde ihr
gekündigt. Via Twitter gab es große Anteilnahme, Kollegen
schrieben: »Willkommen im Club der Davongejagten.« Schon
damals, so empfanden es viele Intellektuelle, konnte es fast jeden
treffen. Nach dem Putschversuch sitzt nun auch Nazlı Ilıcak in
einem Istanbuler Gefängnis. Der Vorwurf: Mitgliedschaft in der
Fetö, der terroristischen Vereinigung von Fethullah Gülen.

Ähnlich erging es Ahmet Şık, der offenkundig ebenfalls nichts
mit der Gülen-Bewegung zu tun hat und sogar ein kritisches

Buch über die Aktivitäten des islamischen Predigers geschrieben hatte. In *Die Armee des Imam* beschreibt er, wie Gülen-Anhänger staatliche Institutionen unterwandert und sich gezielt Zugang zu den höchsten Stellen des Machtapparats verschafft hatten. 2011 wurde das noch nicht publizierte Manuskript konfisziert, Şık kam für zwölf Monate ins Gefängnis. Das war nicht anders zu erwarten, denn damals kooperierte Erdoğan noch mit Gülen, mit dem er gemeinsam die Macht im Land erobert hatte. Der Journalist sei Ergenekon-Mitglied, einer Gruppierung, die mithilfe des Militärs die rechtmäßige Regierung stürzen wolle, hieß es. Nachdem Erdoğan mit der Gülen-Bewegung gebrochen hat und ihre Anhänger gnadenlos verfolgt, sitzt Şık erneut in Haft. Diesmal wird ihm das Gegenteil vorgeworfen: Er soll Propaganda für Gülen betrieben haben.

Insgesamt gab es nach dem Putschversuch im Juli 2016 mehr als 120 000 Entlassungen, mehr als 40 000 wurden verhaftet. Ein genauer Überblick ist wegen der Fülle der Fälle nicht mehr möglich. Und je mehr Erdoğan dafür angefeindet wird, desto unbarmherziger geht er vor. Die Bilder von langen Schlangen mit Menschen in den Hauptnachrichten der Fernsehsender, die ins Gefängnis abgeführt werden, erinnern stark an die Zeit willkürlicher Verhaftungen nach dem Militärputsch vom 12. September 1980. Künstler und Intellektuelle im Land ziehen entsprechende Vergleiche – und fühlen sich vom Westen im Stich gelassen.

Den Europäern sind wegen des Flüchtlingsdeals die Hände gebunden, sie können sich nur »besorgt« zeigen. Can Dündar fordert da viel mehr als diese Lippenbekenntnisse. Besonders enttäuscht ist er von Kanzlerin Angela Merkel. Als sie wegen des Deals mehrmals die Türkei besuchte, habe sie es vermieden, sich zu Demokratie oder Menschenrechten zu äußern. Ihre Sorge galt allein den Flüchtlingen, nicht uns, stellte er fest. Das EU-Türkei-Flüchtlingsabkommen sei ein Fehler gewesen. Jetzt habe die Europäische Union kein Druckmittel mehr in der Hand.

Europa ist für die demokratischen Kräfte in der Türkei der letzte Hoffnungsschimmer. Kanzlerin Merkel ist nun in der Zwickmühle, sie wird bedrängt, mit Erdoğan Klartext zu reden, um Verbesserungen zu bewirken. Bei ihrem Besuch Anfang Februar 2017 rang sie sich dazu durch, in der Türkei Menschenrechte und Meinungsfreiheit anzusprechen. Auch hatte sie sich mit Oppositionellen getroffen.

Der Flüchtlingsdeal hat viele Gegner, und niemand kann abschätzen, ob er am Ende ein Erfolg wird. Aber die Diskussion darüber wird unsachlich geführt und ist eher parteipolitisch motiviert. Die einen fordern Sanktionen und wollen das Land vollends in die Isolation treiben, die anderen verurteilen den arrogant auftretenden Erdoğan, der innenpolitische Konflikte nach Deutschland importiert. In Vergessenheit ist längst die Situation geraten, bevor das Abkommen in Kraft trat, als im Herbst 2015 bis zu 10 000 Schutzsuchende täglich kamen. Jetzt soll die Zahl auf 15 000 pro Monat zurückgegangen sein. Mithilfe des Deals wurde auch vielen Schleppern das Handwerk gelegt. Nicht zuletzt hat sich das Leben der syrischen Flüchtlinge in den türkischen Lagern verbessert, obwohl von den an die Türkei versprochenen Milliarden nur ein Teil aus Brüssel eingetroffen ist. Ankara hält sich alles in allem an die Vereinbarungen.

Der polnische EU-Ratspräsident Donald Tusk fasste es so zusammen: »Ohne dieses Abkommen wären wir nicht in der Lage, eine politische Katastrophe in der EU zu verhindern: den Kollaps von Schengen, den Kontrollverlust über unsere Außengrenzen, politischen Chaos in der EU und den Triumph der Populisten.«

Das größte Problem sind jetzt die EU-Staaten selbst, weil sich immer noch viele der Mitglieder weigern, Flüchtlinge aufzunehmen. Der ursprüngliche Plan der konsequenten Rückführung von Syrern in die Türkei und die begrenzte legale Einreise aus der Türkei nach Europa funktioniert einfach nicht. Die meisten Flüchtlinge harren daher noch auf den griechischen Inseln aus, haben dort Asylanträge gestellt. Sie zu überprüfen stellt Athen offenkundig vor eine unlösbare Aufgabe und dauert länger als gedacht. Ein weiterer Stolperstein ist die Visa-Liberalisierung – die wichtigste Gegenforderung Ankaras.

Die Türken in Deutschland, die sich ohnehin diskriminiert fühlen, beobachten ganz genau, wie deutsche Politiker die Kanzlerin vor dem »Rabatt« oder dem »Blankoscheck« für die türkische Regierung warnen und Ängste schüren, dass mit der Visafreiheit auch Tausende Türken in Deutschland Asyl beantragen könnten. Für viele Deutschtürken ist das wieder ein demütigender Beweis, dass mit zweierlei Maß gemessen wird. Denn während sogar Staatsbürger aus Albanien, Bosnien und Herzegowina, Montenegro oder Serbien ohne Visum nach Deutschland reisen dürfen, wird das ihren Verwandten verwehrt. Sie müssen einen erheblichen Aufwand betreiben mit Einladungen, Verpflichtungserklärungen, Verdienstnachweisen oder ähnlichen Dokumenten, die vorgelegt werden müssen. Im umgekehrten Fall können die meisten EU-Bürger vollkommen unkompliziert in die Türkei einreisen, bei Bundesbürgern reicht sogar der Personalausweis.

Für Erdoğan indes hat die Europäische Union in letzter Zeit eine völlig andere Bestimmung. Sie dient dazu, seinem Volk die Unehrlichkeit des Westens vor Augen zu führen. Er weiß, dass der Widerstand gegen die Türkei viel zu groß ist, um sie in die EU aufzunehmen – erst recht nach den letzten verheerenden Fortschrittsberichten, die dem Land große Mängel in puncto Rechtsstaatlichkeit und Pressefreiheit attestierten. Also nutzt er das für seine innenpolitischen Ziele. »Der Volkswille zählt«, betont er immer wieder und plant, sein Volk über die EU-Mitgliedschaft abstimmen zu lassen. Mit Rücksicht auf die wirtschaftlichen Beziehungen mit Europa hat er konkrete Schritte bisher nicht eingeleitet.

## 2
## Erdoğans langer Arm –
## Die Demonstration der Stärke
## in Deutschland

Auf der Internetseite des Auswärtigen Amts werden unter der Überschrift »Der menschliche Faktor« die außerordentlich vielfältigen und intensiven deutsch-türkischen Beziehungen hervorgehoben, Jahrhunderte würden sie zurückreichen. Die fast drei Millionen in Deutschland lebenden Menschen türkischer Herkunft, von denen etwas mehr als die Hälfte die deutsche Staatsangehörigkeit besitzt, seien ein bedeutender Faktor in den bilateralen Beziehungen. »Hinzu kommt die starke Anziehungskraft der Türkei als Reise- und Urlaubsland (2015 über 5,5 Millionen Besucher aus Deutschland). Beide Faktoren tragen wesentlich zu dem Bild bei, das Deutsche und Türken voneinander haben.«

Zu den politischen Beziehungen heißt es: »Deutschland genießt in der Türkei ein traditionell hohes Ansehen. Die Beziehungen zwischen beiden Ländern sind freundschaftlich, vielschichtig und belastbar.« Auf allen Ebenen fänden regelmäßig Konsultationen und Gespräche zu einer großen Bandbreite politischer und anderer Themen statt. Dies ermögliche eine vertrauensvolle und konstruktive Zusammenarbeit auch in kontroversen Fragen.

Wer diese Zeilen liest, könnte von größter Harmonie ausgehen. Dass das Auswärtige Amt auf Internetseiten keine Probleme thematisiert, ist verständlich. Doch die Wirklichkeit ist überhaupt eine völlig andere. Der Fall des in der Türkei inhaftierten deutsch-türkischen *Welt*-Korrespondenten Deniz Yücel machte deutlich, dass die Beziehungen zwischen beiden Ländern schon lange nicht mehr »freundschaftlich, vielschichtig und belastbar« sind. Dem dreiundvierzigjährigen Yücel warf die türkische Justiz »Propaganda für eine terroristische Vereinigung und Aufwiegelung der Bevölkerung« vor – eine inzwischen übliche Anklage, mit der auch längst türkische Journalisten konfrontiert sind. Jeder, der die politische Entwicklung in der Türkei kritisiert, muss damit rechnen. Bei Yücel waren seine Artikel und Interviews zum Kurdenkonflikt und zum Putschversuch in der Türkei der Stein des Anstoßes. Während die Kanzlerin von einer Entwicklung sprach, die »bitter und enttäuschend« sei, verteidigten Erdoğan-Anhänger die »unabhängige« Entscheidung der türkischen Justiz. Für Außenminister Sigmar Gabriel waren »schwierige Zeiten für die deutsch-türkischen Beziehungen« angebrochen. Er forderte die Freilassung des *Welt*-Korrespondenten und sagte: »Der Fall Deniz Yücel wirft ein grelles Schlaglicht auf die Unterschiede, die unsere beiden Länder offensichtlich bei der Anwendung rechtsstaatlicher Grundsätze und in der Bewertung der Presse- und Meinungsfreiheit haben.«

Andere sahen in der Verhaftung des Journalisten eine Provokation von Erdoğan, er schüre ganz bewusst den Konflikt mit der Bundesregierung, um die nationalistischen Gefühle in der Türkei zu befeuern. Er wähne sich sogar unangreifbar, weil die EU und Deutschland auf ihn angewiesen seien. Das war unstrittig und setzte das Verhältnis zwischen der Türkei und der Bundesrepublik einer fortwährenden Zerreißprobe aus. Die Bundesregierung wollte den Bündnispartner nicht brüskieren. Doch zugleich musste sie registrieren, wie in der eigenen Öffentlichkeit, aber auch in der Opposition der Zorn über einen Präsidenten wuchs, der Deutschland als Bühne für seine politische Agenda nutzte.

Und wie immer in solchen Situationen zog Erdoğan die Eskalationsschraube noch weiter an, schickte in dieser angespannten

Lage seine Minister auf Werbetour für die Verfassungsreform nach Deutschland. Ministerpräsident Yıldırım, der in Oberhausen vor 8000 AKP-Anhängern auftrat, ließen die deutschen Behörden noch gewähren, als dann aber noch die Minister für Justiz, Wirtschaft und Außenpolitik in den Städten Gaggenau, Frechen, Köln oder Hamburg auftreten wollten, wurde ihnen das untersagt. Die Begründungen hörten sich zum Teil sehr konstruiert an, mal waren es »organisatorische Gründe«, mal »Sicherheitsbedenken«, die Veranstaltungshalle, die Parkplätze und Zufahrten würden dem möglichen Besucherandrang nicht standhalten. Die türkischen Minister vermuteten dahinter einen Vorwand, dementsprechend hart fielen ihre Reaktionen aus. Justizminister Bekir Bozdağ nannte die Absagen »ein faschistoides Vorgehen«, Außenminister Mevlüt Çavuşoğlu empörte sich: »Wenn sie mit uns arbeiten wollen, müssen sie lernen, wie sie sich uns gegenüber zu benehmen haben.«

Die Kanzlerin hielt sich weitgehend zurück, sprach davon, dass für die Absagen der Ministerauftritte in Deutschland die Kommunen verantwortlich seien und nicht die Bundesregierung. Aus Sicht der Opposition in Berlin betrieb sie erneut eine Beschwichtigungspolitik. »Merkel und Gabriel lassen sich von Erdoğan mittlerweile täglich am Nasenring durch die Manege führen«, sagte Grünen-Politiker Cem Özdemir. Was mit der Erpressbarkeit durch den Flüchtlingsdeal begonnen habe, sei inzwischen zu einer Spirale der Erniedrigungen geworden. Kaum hatte er das ausgesprochen, folgte der nächste verbale Schlag. Staatspräsident Recep Tayyip Erdoğan warf Deutschland »Nazi-Praktiken« vor, später wetterte er sogar direkt gegen die Kanzlerin: »Merkel, nun benutzt du Nazi-Methoden.« Diese richteten sich gegen »seine Brüder«, und gegen »seine Minister und Abgeordneten«.

Alte Feindbilder hervorzuholen, in Erinnerung an die deutsche Besatzung und die »deutsche Dominanz«, sind keine Seltenheit. Auf Demonstrationen in Griechenland oder in polnischen Zeitungen waren schon oft Fotos von Angela Merkel in Nazi-Uniform oder mit Hitler-Bärtchen zu sehen. Den Griechen zwang Deutschland angeblich einen harten Sparkurs auf, die Polen bevormundete es mit belehrenden Worten über Freiheit und Demokratie. Nun zog die Türkei nach, und zum ersten Mal war es ein Staatspräsident, der die Kanzlerin mit diesem »Klassiker« provozierte.

Erdoğans Motiv ist klar: Über Jahre hatte er vergeblich an die Pforte der EU geklopft, jetzt rächte er sich für die Zurückweisung, die er als persönliche Kränkung empfand. Sein Motto nun, bei jeder Gelegenheit: »Die alte Türkei gibt es nicht mehr!« Die Türkei sei stark und brauche die EU nicht mehr. Gerade vor Wahlen sind solche Aussagen ein bewährtes Mittel, eine wohlüberlegte Strategie, um bei nationalkonservativen Wählern zu punkten. Die Redeverbote seien skandalös, schimpfte Erdoğan, er erinnerte daran, dass es sogar ihm nach dem Putschversuch verboten worden war, in Deutschland auf einer Kundgebung live zugeschaltet zu werden, aber kurdischen Kommandeuren der PKK sei es erlaubt worden. Häufig folgt einer Kritik an der türkischen Politik sofort der rhetorische Gegenschlag. Der in der Türkei inhaftierte Deniz Yücel sei ein Vertreter der PKK und ein »deutscher Spion«, der sich einen Monat lang im deutschen Konsulat in Istanbul versteckt habe, bevor er ausgeliefert worden sei. Dass Deutschland Zweifel an der Unabhängigkeit der türkischen Justiz habe, sei unglaublich.

In der AKP-nahen Presse schlugen die Wellen ebenfalls hoch. Die Türken fühlten sich beleidigt und angegriffen. Deutschland mische sich vehement in die inneren Angelegenheiten der Türkei ein, klagten die Zeitungen, die deutsche Regierung erteile ihr laufend Lektionen in puncto Menschenrechte, Pressefreiheit und Demokratie. Zwar habe die Kanzlerin die Türkei in nur anderthalb Jahren fünfmal besucht, das deutsch-türkische Verhältnis habe sich dennoch nicht verbessert. In den letzten zwei Jahren, so wird spekuliert, hätte es in den deutschen Medien »2 260 000 negative Schlagzeilen« über Staatspräsident Erdoğan gegeben. Die deutschen Parteien versuchten mit Ressentiments gegen ihn Stimmung zu machen, um die nächste Bundestagswahl zu gewinnen.

In die gleiche Kerbe schlug auch der deutsch-türkische Politiker Ozan Ceyhun – von 1998 bis 2000 Europaabgeordneter der Grünen, von 2000 bis 2004 für die SPD. Als grüner und sozialdemokratischer deutscher Politiker argumentierte er früher eher liberal, weltoffen und basisdemokratisch. Heute spricht er eine nationalistisch gefärbte Sprache, die vielen AKP-Anhängern gemein ist. Ceyhun ist oft im deutschen und türkischen Fernsehen zu sehen. In einer Talkshow des regierungsnahen Nachrichtensenders A Haber machte er Schlagzeilen mit der kühnen Feststellung: »Deutschland tut alles, um den Türken Angst einzujagen.« Seine These: Der harte Kurs Deutschlands gegenüber der Türkei sei ein »perfider« Plan, die Deutschtürken daran zu hindern, beim Referendum mit Ja zu stimmen. Die Gegner der Verfassungsreform würden dagegen unterstützt, deutsche Politiker würden sogar an deren Veranstaltungen teilnehmen. Angesichts dieser »antidemokratischen Praktiken« würden die Türken jetzt erst recht den türkischen Präsidenten unterstützen. In der englischsprachigen Zeitung *Daily Sabah* beklagte er sich über diesen »Doppelstandard«, AKP-Ministern Auftritte in Deutschland zu untersagen. Wie hätte wohl Deutschland reagiert, fragt er, wenn Justizminister Heiko Maas in die Türkei gereist wäre, um deutsche Bürger zu informieren, und er wäre daran gehindert worden? Seiner Meinung nach kämen die AKP-Politiker nur nach Deutschland, um den Türken die »Verfassungsreform zu erklären«.

Nur einige Tage vor diesen Äußerungen war am 18. Februar 2017 Ministerpräsident Yıldırım in Oberhausen aufgetreten.

Die Veranstaltung stand unter dem Motto: »*Memleket Sevdalıları Evet diyor*«, was so viel heißt wie: »Wer sein Land liebt, sagt Ja.« Nachdem Yıldırım die neuen Regelungen aufgezählt hatte, die die Regierung für im Ausland lebende türkische Staatsbürger eingeführt habe – unter anderem können sie nun ihre Mobiltelefone und Autos ohne bürokratische Hürden auch in der Türkei benutzen –, kam er zum Wesentlichen: Am 16. April 2017 sollten alle Türken in Deutschland der Verfassungsänderung zustimmen. Sie sollten die Urnen zum »Platzen« bringen. Unter den Rufen seiner Anhänger, man möge die Todesstrafe wieder einführen, betonte er, dass die Regierung gegen jeglichen Terror im Land vorgehen würde. Er kritisierte die deutsche Regierung, behauptete, dass hierzulande Terrororganisationen ungehindert tun und lassen könnten, was sie wollten. Umfragen in der Türkei ließen ein knappes Ergebnis bei dem Referendum erwarten, umso wichtiger war es, die Wahlkampfmaschine in Deutschland weiter anzuheizen.

Hierzulande ging die Angst um, dass weitere Minister nach Deutschland reisen könnten. Oder, schlimmer noch: Was, wenn Erdoğan selbst käme, um für sein Präsidialsystem zu werben, das seinen Status als alleiniger Herrscher vollends manifestieren würde? In seinen Wahlkämpfen in der Türkei drohte er bereits: »Wenn ich nach Deutschland reisen will, dann tue ich das. Und wenn man mich nicht ins Land lässt, werde ich die ganze Welt aufmischen.« Seinen Besuch zu verbieten käme einem Affront nah. Die Bundesregierung steckte in einem Dilemma.

Erdoğans Demonstration der Stärke ist für viele schwer zu ertragen. Nach einer Emnid-Umfrage sind zurzeit 81 Prozent der Deutschen der Auffassung, dass sich die Bundesregierung zu viel von der türkischen Regierung gefallen lasse. Wer Demokratie bei sich zu Hause einschränke, verdiene keine demokratischen Rechte. Die Öffentlichkeit befürchtet zu Recht, dass ein Keil in die Gesellschaft getrieben wird und die nach Deutsch-

land hineingetragenen innertürkischen Konflikte zu einer ernst-
haften Entfremdung zwischen Deutschen und Deutschtürken
führen könnten. Die deutsch-türkischen Beziehungen auf diplomatischer Ebene sind die eine Seite der Besorgnis, die andere
hat mit dem inneren Frieden im Land zu tun. Erdoğan-Anhänger
in Deutschland, wenn auch bisher noch eine Minderheit, sind
einer permanenten Instrumentalisierung ausgesetzt, die zur Radikalisierung führen könnte, wenn Grenzen zwischen bloßer
Heimatverbundenheit und Nationalismus überschritten werden.
Warum sollte man also jemandem, der die grundlegenden Menschenrechte in seinem Land nicht garantiert und demokratische
Regierungen als Nazis und Faschisten bezeichnet, eine zusätzliche Plattform bieten?

Dem gegenüber steht die Versammlungs- und Meinungsfreiheit, die es besonders zu schützen gilt. Zudem wäre Erdoğan
nicht der erste autoritäre Herrscher, der Deutschland besucht. Die
Türkei ist ein NATO-Partnerland, Millionen Türken leben und
arbeiten hier. Mit den Auftrittsverboten für AKP-Politiker spielen deutsche Politiker und Behörden nur Erdoğan in die Karten,
so kann er sich als Opfer des Westens inszenieren und Deutschland mangelnde Demokratie vorwerfen. Das bringt den Natio-
nalstolz der Türken noch mehr in Wallung. Und Erdoğan weiß
den Streit um die Auftritte seiner Minister in Europa geschickt zu
vermarkten. Jetzt spricht kaum jemand mehr über die wirklichen
Probleme des Landes. Weder die schwächelnde Wirtschaft noch
die katastrophale Sicherheitslage noch der Syrien-Einsatz der
türkischen Armee, bei dem bisher mindestens 74 Soldaten ums
Leben kamen, sind in den regierungsnahen Medien präsent. Würde sein Auftritt verhindert, könnte er seine Angriffe auf Europa
und Deutschland noch einmal verschärfen.

Mit einem klaren Ja oder Nein kann dieses komplexe Thema
dennoch nicht beantwortet werden. Dazu gehört die Einsicht,
dass die Auftritte türkischer Minister nicht grundsätzlich verbo-

ten sind, weil die Meinungsfreiheit eben auch für ausländische Politiker gilt. Aber dass sie unter Umständen verboten werden können, steht außer Frage. Darauf hat das Bundesverfassungsgericht kürzlich ausdrücklich hingewiesen.

Die Niederlande sind, weil dort Parlamentswahlen anstanden, den konfrontativen Weg gegangen und haben der Maschine des türkischen Außenministers Mevlüt Çavuşoğlu die Landung verweigert. Er hatte sich trotz eines Verbots in Rotterdam auf den Weg gemacht und zuvor den Niederlanden mit wirtschaftlichen und politischen Sanktionen gedroht, sollte sein Wahlkampfauftritt behindert werden. Die Familienministerin Fatma Betül Sayan Kaya, obwohl zur »unerwünschten Person« erklärt, kam mit dem Auto über Deutschland in die Niederlande und war »überrascht«, als ihr untersagt wurde, das türkische Konsulat in Rotterdam zu betreten. Sie wurde des Landes verwiesen und bis zur deutschen Grenze eskortiert. Rund tausend Türken folgten sogleich einem Aufruf aus Ankara und demonstrierten vor dem türkischen Konsulat, auch in Deutschland gab es spontane Protestkundgebungen mit mehreren hundert Menschen. Beleidigt twitterte die Familienministerin: In Rotterdam seien Demokratie, Grundrechte, Menschenrechte und Freiheit in Vergessenheit geraten. Es herrsche »Tyrannei und Unterdrückung«.

Regierungskritische türkische Medien bewerteten das Verhalten der AKP-Minister als gezielte Provokation, um dann dem »bösen Westen« mangelnde Demokratie vorwerfen zu können. Sie hätten die Niederlande bewusst herausgefordert, obwohl sie gebeten wurden, das Land erst nach den Parlamentswahlen zu besuchen. Die türkische Regierung ließe wohl nichts unversucht, damit genug Ja-Stimmen für das Referendum über das Präsidialsystem zusammenkämen. Der Kolumnist Necati Doğru fragte lakonisch, ob es denn nicht genügen würde, wenn in Dutzenden TV-Sendern die Politiker tagtäglich Werbung für die Verfassungsänderung machten. Alle diese Sender könnten in den Niederlanden, in Deutschland, Österreich und der Schweiz empfangen werden. Sie seien in Europa nicht verboten worden, so Doğru. Die Türkei habe sich nicht nur zum Gespött in ganz Europa gemacht, sondern auch die holländischen Türken seien nun verstärkt einer Ausländerfeindlichkeit ausgesetzt.

Erdoğan, der von der Türkei aus die Fäden zog, schaltete erneut auf Angriffsmodus gegenüber den Niederlanden: »Sie haben keine Ahnung von Diplomatie oder Politik. Sie sind Nazi-Nachkommen. Sie sind Faschisten.« Er weiß den Populismus gut einzusetzen, inzwischen bis hin zur Geschichtsfälschung. »Wir kennen Holland und die Holländer noch vom Massaker von Srebrenica«, sagte er vor seinen Anhängern. »Wie verdorben ihre Natur und ihr Charakter sind, wissen wir daher, dass sie dort 8000 Bosniaken ermordet haben.« Niemand solle der Türkei Lektionen in Zivilisation geben. Sein Volk habe ein reines Gewissen. »Aber deren Gewissen ist pechschwarz.«

Die meisten seiner islamisch-konservativen Anhänger werden die politischen Hintergründe nicht genau kennen – worauf er wohl spekuliert. Doch eines soll suggeriert werden: Die Holländer haben Muslime umgebracht! Die Wahrheit ist aber eine ganz andere: Im Bosnien-Krieg hatten serbische Einheiten im Juli 1995 die UNO-Schutzzone Srebrenica überrannt und Tausende muslimische Männer und Jungen ermordet. Die niederländischen Blauhelme waren nicht eingeschritten, hatten die Massaker nicht verhindert. Sie tragen eine Mitschuld, aber haben selbst keine Muslime getötet. Dennoch hatte sich die niederländische Regierung der Verantwortung gestellt und über Jahre versucht, die Ereignisse aufzuarbeiten. Erdoğan instrumentalisierte auch dieses Thema und zog alle Register. In seiner Wut über Deutschland und die Niederlande rief er seine »muslimischen Brüder« dazu auf, »diesen beiden Ländern bei Wahlen auf keinen Fall ihre Stimme zu geben«.

Die Bundesregierung solidarisierte sich mit den Niederlanden und verurteilte die Attacken gegen das Land scharf. Die Niederländer hätten schwer unter dem NS-Regime gelitten, und es sei »unmöglich, wenn man ihnen jetzt Nähe zu einer solchen Ideologie anhängen will«, sagte Regierungssprecher Steffen Seibert. Er betonte: »Die Bundeskanzlerin hat nicht die Absicht, sich am Wettlauf der Provokationen zu beteiligen.« Trotzdem konnte das Auswärtige Amt nicht umhin, seine Reisehinweise für die Türkei zu verschärfen. Im Zuge des am 16. April 2017 stattfindenden Referendums über eine Verfassungsänderung müsse mit erhöhten politischen Spannungen und Protesten gerechnet werden, die sich auch gegen Deutschland richten könnten, heißt es da wörtlich.

Das sind schlechte Nachrichten für die Türkei. Seit 2016 ist der Tourismus aufgrund der unsicheren politischen Lage im Land massiv eingebrochen, mit katastrophalen Folgen für die Wirtschaft. Schon damals hatte das Auswärtige Amt gewarnt: »Es wird dringend davon abgeraten, in der Öffentlichkeit politische Äußerungen gegen den türkischen Staat zu machen bzw. Sympathie mit terroristischen Organisationen zu bekunden.« Es ist nun davon auszugehen, dass die türkische Regierung auch für die Touristenflaute »äußere Feinde« verantwortlich machen wird, die der Türkei bewusst schaden wollten. Dabei ist es Erdoğan selbst, der mit seinen cholerischen Äußerungen dem Land massiv schadet.

Diese Eskalation hatte sich seit Langem angebahnt. Schon 2016 gab es eine Reihe von Konflikten, die durch die konfrontative Rhetorik des türkischen Präsidenten mit Diplomatie schwer zu lösen waren. Dass Gesandte einbestellt werden, weil es Gesprächsbedarf gibt, gehört zum diplomatischen Normalfall. Doch der deutsche Botschafter in Ankara, Martin Erdmann, wurde in regelmäßigen Abständen in das türkische Außenministerium zitiert, wo er sich beispielsweise wegen einer Erdoğan-Karikatur rechtfertigen musste. In einem anderen Fall ging es um einen Satirebeitrag der NDR-Sendung *extra 3,* in dem Erdoğan mit einem – eher harmlosen – Lied verspottet worden war. Schließlich beschwerte man sich darüber, dass der Gesandte dem Prozess gegen regierungskritische Journalisten der Zeitung *Cumhuriyet* beigewohnt hatte. All das kann sicher nicht als vertrauensvolle und konstruktive Zusammenarbeit bezeichnet werden.

Das Humorverständnis eines Satirikers wurde dann zum Medienereignis. Ganz Deutschland diskutierte im Frühjahr 2016 den Fall Böhmermann, über Wochen beschäftigte sein »Schmähgedicht« auf den türkischen Präsidenten Erdoğan die Medien, die Politik, Türken wie Deutsche. Da fielen Worte wie: »homosexuell«, »pädophil« oder »sodomistisch«, und das waren eher noch die netteren Ausdrücke, mit denen Jan Böhmermann Erdoğan bedachte. Böhmermanns Versuch, in der ZDF-Sendung *Neo Magazin Royale* die Grenzen der Satire aufzuzeigen, war zu einer regelrechten Staatsaffäre geworden. Und jeder fragte sich: Was ist eigentlich eine Beleidigung? Was darf Satire und was nicht?

Einen Tag nach der Sendung löschte das ZDF das »Schmähgedicht« aus der Mediathek. Der Beitrag entspreche »nicht den Ansprüchen, die das ZDF an die Qualität von Satiresendungen stellt«, hieß es aus Mainz. Es gäbe Grenzen der Satire, die in diesem Fall überschritten worden seien. So sahen es auch einige türkischstämmige Fernsehzuschauer, deren Humorverständnis stark strapaziert wurde. Sie zogen vor die Tore des ZDF, um dort einen schwarzen Kranz niederzulegen. Satiriker Böhmermann war abgetaucht und stand mittlerweile unter Polizeischutz.

Die wahre Satire lieferte aber ein anderer. Das türkische Fernsehen schickte einen seiner fähigsten Mitarbeiter zum ZDF, Mevlüt Yüksel, einen Reporter des Nachrichtensenders A Haber, der für die Samstagabendsendung *Yaz Boz* (»Schreib und zerstör«; sinngemäß: »Decke es auf und durchkreuze die Pläne«)

arbeitete, in der Woche für Woche Verschwörungen gegen die Türkei präsentiert werden. Yüksel war mit einem klaren Auftrag gekommen: dem ZDF »seine Grenzen aufzeigen«, frei nach dem Motto von *Yaz Boz* wolle er das »konspirative Spiel« gegen die Türkei entlarven. Denn wie konnte man es wagen, die Türkei, ihren Präsidenten, das Volk derart zu beleidigen? Warum wurde Böhmermanns Gedicht überhaupt ausgestrahlt? Warum schritt der ZDF-Verantwortliche nicht ein, zensierte es nicht schon im Vorfeld? »Man will uns von hier vertreiben«, schimpft Yüksel im übertriebenen Gestus, während er vor dem ZDF-Gebäude in die Kamera spricht. Dabei hat er weder einen Antrag auf Drehgenehmigung noch eine Interviewanfrage gestellt. »Aber wir werden an der Pressefreiheit festhalten. Sehen Sie seine Hände?«, fragt er aufgekratzt und »investigativ« in seinem zwölfmi-nütigen Beitrag für *Yaz Boz* und deutet dabei unter anderem auf den ZDF-Pressesprecher Alexander Stock im Hintergrund, der sich ganz relaxt und zuvorkommend mit einem extra einbestell-ten Dolmetscher unterhält. »Schauen Sie sich den Verantwortli-chen des ZDF an, wie er ziemlich grob dasteht. Seine Hände zit-tern, er ist nervös, weil es ihm äußerst unangenehm ist, dass wir hier sind.« Die Kamera fährt nun ganz dicht an die Hände des ZDF-Sprechers heran, die jetzt in den Hosentaschen stecken. Der Reporter echauffiert sich: »Sehen Sie, das zeigt doch, an wel-chem Punkt die Pressefreiheit in Deutschland angekommen ist!«

Auf YouTube wurde die unfreiwillige Satire zum Renner, der Kanzlerin aber war das Lachen vergangen. Um Erdoğan zu be-sänftigen, ließ sie verkünden, das Schmähgedicht sei »bewusst verletzend«. Doch das reichte der türkischen Regierung offenbar nicht. Sie forderte nun offiziell die Strafverfolgung von Böhmer-mann. Dabei berief sie sich auf Paragraf 103 des deutschen Strafgesetzbuchs aus dem Jahr 1871, das die Beleidigung aus-ländischer Staatsoberhäupter unter Strafe stellt. Man fragt sich natürlich, wie hätten andere Regierungschefs gehandelt, etwa

Wladimir Putin, Victor Orbán oder Donald Trump, wenn ein deutscher Satiriker ein derart grobes Gedicht über sie verfasst hätte?

In Deutschland wollte sich kaum jemand vorstellen, dass Merkel die Strafverfolgung eines Satirikers ermöglichen würde. Man drängte sie, noch entschiedener für die Pressefreiheit einzutreten und aufzuhören, vor Erdoğan zu »kuschen«. Und Böhmermann sagte sogar: »Wenn ein Witz eine Staatskrise auslöst, ist das nicht ein Problem des Witzes, sondern des Staates.« Nach langen Beratungen verkündete die Kanzlerin jedoch, dass die Regierung die Ermittlungen erlaube. »Im Rechtsstaat ist es nicht Sache der Regierung, sondern von Staatsanwaltschaften und Gerichten, das Persönlichkeitsrecht und andere Belange gegen die Presse- und Kunstfreiheit abzuwägen.« Mit ihrer Haltung belegte sie ihre Erpressbarkeit: Erdoğan durfte auf keinen Fall den Flüchtlingsdeal aufkündigen. Der türkische Präsident berief sich noch zusätzlich auf Paragraf 185, den Beleidigungsparagrafen, und stellte bei der Staatsanwaltschaft Mainz eine persönliche Strafanzeige gegen Jan Böhmermann. Inzwischen wurde das Verfahren eingestellt.

Erdoğans Klagewut macht vor niemandem halt. In den vergangenen Jahren klagte er über 1800-mal gegen türkische Staatsbürger wegen Beleidigung, selbst Kinder und Jugendliche wurden wegen eines unbedacht hingeschriebenen Posts auf Facebook belangt. Jetzt stellte er seine außerordentliche Empfindlichkeit erneut unter Beweis – diesmal in Deutschland. Die Reaktionen unter den Deutschtürken waren geteilt. Die einen, meist Künstler und Kulturschaffende, sahen keine Grenzen für die Meinungsfreiheit, sie sagten, sie wollten ohne Angst und Schere im Kopf arbeiten können. Für die anderen war das Gedicht eine Aneinanderreihung platter Angriffe, ja, rassistischer Zuspitzungen. Mehr noch: Sie empfanden es als Beleidigung des gesamten türkischen Volkes, da Böhmermann bekannte antitürkische Stereotype benutzt habe. Erdoğans aggressive Rhetorik? Seine Überheblichkeit? Die Repressalien gegen Andersdenkende? Der Präsident verteidige sich und sein Land nur, argumentierten sie. Ständig werde er als »Diktator« oder »Sultan« bezeichnet, obwohl er ein gewählter Präsident sei. In Wahrheit, sagten sie, sei der Westen nur neidisch auf den Erfolg der Türkei.

So wurde die Böhmermann-Affäre von einem Teil der Deutschtürken als ein Ereignis in eine Reihe von mehreren gestellt. Nach den Brandanschlägen von Mölln und Solingen, der Mordserie des NSU, den antitürkischen Äußerungen des ehemaligen SPD-Politikers Thilo Sarrazin und den derzeitigen Diskussionen über Loyalität und Zugehörigkeit haben sich mit den Jahren eine Menge Wut und Enttäuschung angesammelt. Dieser Hintergrund bringt viele Deutschtürken dazu, sich reflexartig und bedingungslos hinter Erdoğan zu stellen.

Einer der Tiefpunkte in den deutsch-türkischen Beziehungen war ohne Frage die Armenien-Resolution im Juni 2016. Der Bundestag hatte damit die Tötung von bis zu 1,5 Millionen Armeniern im Osmanischen Reich vor über hundert Jahren als Völkermord verurteilt – in Abwesenheit von Kanzlerin Merkel, dem damaligen Außenminister Frank-Walter Steinmeier und dem einstigen Vizekanzler Sigmar Gabriel. Erdoğan durfte nicht erzürnt werden, aber vor allem sollte die Botschaft ausgesandt werden, die Resolution werde vom unabhängigen Parlament und nicht von der Bundesregierung verabschiedet.

Der Beschluss war nicht unumstritten. Schon 2015 hatten die Abgeordneten über Armenien debattiert, doch die Große Koalition hatte sich davor gescheut, darüber im Parlament abzustimmen. Vor allem Außenminister Steinmeier stand der Resolution skeptisch gegenüber. Er setzte darauf, wie schon früher Ex-Kanzler Gerhard Schröder, Türken und Armenier für eine gemeinsame Aufarbeitung und Annäherung zu gewinnen. Er hielt es für unklug, diesen sensiblen Prozess zu gefährden. Auch die Integrationsbeauftragte der Bundesregierung, Aydan Özoğuz, war der Meinung, dass mit der Resolution Türen zugeschlagen würden. Doch im Februar 2016 starteten die Fraktionen einen erneuten Versuch, den Antrag im Parlament einzubringen, zu einer Zeit, als man das EU-Türkei-Flüchtlingsabkommen plante. Dieses Entgegenkommen der Türkei hielt das Parlament jedoch nicht davon ab, die Resolution zu verabschieden.

Für den Grünen-Politiker Cem Özdemır, einen der Initiatoren, ging es nach eigener Aussage nicht darum, mit dem Finger auf die Türkei zu zeigen. Ihm war es wichtig, dass sich auch Deutschland als militärischer Verbündeter der Türkei im Ersten Weltkrieg zu seiner historischen Mitverantwortung bekannte. Im Antrag der Fraktionen heißt es dazu: »Der Bundestag bedauert die unrühmliche Rolle des Deutschen Reiches, das trotz eindeutiger Informationen auch von Seiten deutscher Diplomaten und Missionare über die organisierte Vertreibung und Vernichtung der Armenier nicht versucht hat, diese Verbrechen gegen die Menschlichkeit zu stoppen.«

Unstrittig ist, dass 1915 Hunderttausende Armenier ums Leben kamen, die meisten bei Zwangsdeportationen. Die Türkei bestreitet aber, dass der Vernichtung ein Plan zugrunde lag, und wehrt sich heftig gegen die Bezeichnung »Völkermord«. Es seien »kriegsbedingte« Handlungen gewesen, um das Land zu verteidigen. Außerdem spricht die Türkei von etwa 300 000 Toten, Armenien geht von 1,5 Millionen Opfern aus.

Handelt es sich um die Armenien-Frage, reagieren nationalbewusste Türken grundsätzlich abwehrend. Ob AKP, CHP oder MHP – hier sind sich alle türkischen Parteien einig: Es geht um nichts weniger als um die Ehre einer ganzen Nation. Es geht nach vielen militärischen Niederlagen und Traumata um ihren Kampf gegen die feindlichen Mächte, darum, wenigstens einen Rumpfstaat aus der Verfügungsmasse des Osmanischen Reichs

zu retten. All das ging einher mit brutaler Gewalt und der selbst-
bewussten Parole »*Ne mutlu Türküm diyene* – Glücklich, wer ein
Türke ist«. Dass dabei Armenier vertrieben oder getötet wurden,
das einzugestehen fällt Türken schwer und würde die Bedeutung
ihres Kampfes für ihr Vaterland minimieren. Deutschland und
die Türkei stellten sich ihrer Geschichte auf verschiedene Weise,
schrieb der Journalist Rainer Hermann am 24. April 2015 in der
*FAZ*. »Während die Türkei historische Amnesie praktiziert, lebt
in Deutschland eine Kultur des Erinnerns und Gedenkens.«

Doch auch in der Türkei gab es zeitweilig eine positive Entwicklung. Tabus, jahrzehntelang unter den Teppich gekehrt,
wurden auf einmal thematisiert. Dieser Wandel, so Hermann, sei
unter anderem eine Folge der Ermordung des armenischen Journalisten Hrant Dink im Jahr 2007. Ein Siebzehnjähriger hatte
Dink erschossen, angestiftet durch einen türkischen Nationalisten. In der Tat: Mit dem Trauermarsch für den Journalisten, an
dem sich über 100 000 Menschen beteiligten, zeigten die Türken
nicht nur ihr Mitgefühl, sondern sie bekannten sich zu einer
multikulturellen Gesellschaft, in der Hass auf andere Ethnien
nichts zu suchen hatte. Die Menschen hielten Schilder hoch, auf
denen Sätze standen, die vorher noch keiner gewagt hätte auszu-
sprechen: »Wir sind alle Armenier!« Oder: »Wir sind alle Hrant
Dink!«

Für ein Land, in dem die Armenier zur bedrängten christlichen Minderheit gehören, in dem noch immer der historische
Streit um den Mord an den Armeniern die Gemüter erhitzt, war
das eine Sensation. Erstmals wurde in der Türkei ein Armenier
gewürdigt – jemand, der aufgrund seiner Artikel wegen »Beleidigung des Türkentums« unter dem Strafrechtsparagrafen 301
angeklagt worden war und den die Nationalisten zu einem Ver-
räter gemacht hatten. Der damalige Ministerpräsident Recep
Tayyip Erdoğan erschien nicht, als Dink zu Grabe getragen wurde. Er musste einen Autobahntunnel eröffnen. Immerhin verur-

teilte er den Mord als »Angriff auf Frieden und Stabilität des Landes« und sprach von Versöhnung zwischen den beiden Ländern. Im Jahre 2009 einigten sich Armenien und die Türkei tatsächlich auf die Wiederaufnahme diplomatischer Beziehungen sowie die Öffnung der gemeinsamen Grenze. Allerdings geriet die Annäherung, die unter anderem durch die Vermittlung der EU zustande gekommen war, schon bald ins Stocken, weil beide Seiten nicht zu Kompromissen in der Lage waren.

Heute, nachdem Erdoğan sich vom Hoffnungsträger zum Populisten gewandelt hat, hört er sich ganz anders an. Nach der Armenien-Resolution reagierte er erwartungsgemäß: Sie sei »lächerlich« und »absolut ohne Wert«. Zudem stünde es gerade Deutschland nicht zu, über einen »sogenannten Völkermord« der Türkei abzustimmen. Nach der Devise »Angriff ist die beste Verteidigung« warf er seinerseits den Deutschen den Holocaust und die Vernichtung von Zehntausenden Herero in Deutsch-Südwestafrika vor. Als Vergeltungsmaßnahme genehmigte er keine Besuche deutscher Abgeordneter mehr auf dem türkischen Luftwaffenstützpunkt Incirlik, auf dem im Kampf gegen den IS rund 240 Bundeswehrsoldaten stationiert sind.

Besonders erzürnte den türkischen Präsidenten aber die Beteiligung der türkeistämmigen Bundestagsabgeordneten, die für die Resolution gestimmt hatten, speziell die Haltung von Cem Özdemir stieß auf Unverständnis. Erdoğan bezeichnete ihn als »den Mann, der in Deutschland sein eigenes Land des Völkermords beschuldigt und bei so einer Entscheidung die führende Rolle spielt«. »Echte« Türken könnten die nicht sein. »Ihr Blut muss durch einen Labortest untersucht werden«, meinte er lakonisch. Auch verlangte er Loyalität von den Deutschtürken. Schon vor der Abstimmung im Bundestag bekamen sie E-Mails und offizielle Schreiben vom türkischen Parlament, ein Schreiben von der Türkischen Botschaft in Berlin, einen Sammelbrief

verschiedener Organisationen, darunter die Türkisch-Islamische
Union der Anstalt für Religion (DITIB) – wieder einmal stand
die Ehre einer ganzen Nation auf dem Spiel. Die Resolution war
für die Türkei ein weiterer Beleg für die antitürkische Stimmung
in Deutschland.

Gegenüber den türkeistämmigen Abgeordneten in Deutschland gibt es eine große Erwartungshaltung – das geht Journalisten mit türkischen Wurzeln übrigens nicht anders. Diese sollen
loyal sein, die türkischen Interessen vertreten, ihr »Vaterland«
verteidigen. Wer die »richtige« Einstellung vermissen lässt, wird
mit Begriffen wie »Lügenpresse« oder »Volksverräter« angegriffen. Sie sollen sich – so die Forderung – von ihren deutschen
»Auftraggebern« nicht instrumentalisieren, sollen sich nicht zu
antitürkischen Artikeln hinreißen lassen. Ob man denn nicht
sehe, dass man die Türkei schwächen, ja, ihr schaden wolle?
Trotz dieser Argumentation folgen die meisten von ihnen ihren
journalistischen Prinzipien und versuchen objektiv und unbeein-
flusst zu berichten.

Die deutsch-türkischen Abgeordneten sind natürlich vor allem ihrem Gewissen verpflichtet. Außerdem begreifen sie sich
in erster Linie als Deutsche, sie haben eine deutsche Sozialisa-
tion, auch wenn ihre Eltern oder Großeltern aus der Türkei stammen. Viele von ihnen äußerten, sie wollten einen Prozess ansto-
ßen, zur Versöhnung von Türken und Armeniern beitragen und
die Türkei dabei unterstützen, die Gräben der Vergangenheit
zuzuschütten. Im Ergebnis wurden aber vor allem die deutsch-türkischen Beziehungen in einer schwierigen historischen Phase
belastet. Die türkische Öffentlichkeit registrierte verwundert,
dass Resolutionen verabschiedet wurden über Ereignisse, die
vor über hundert Jahren im Osmanischen Reich passiert sein
sollen. Das Recht des Bundestags, über die Geschichte der Türkei zu urteilen, wurde durchgehend bestritten. Diese Fragen sei-
en von Juristen oder Historikern besser zu beantworten. Der

deutsch-türkische Politiker und Ehrenvorsitzende der Türkischen Gemeinde in Deutschland, Hakkı Keskin, forderte die Bundesregierung auf, sich für die Bildung einer Historikerkommission aus türkischen, armenischen und internationalen Wissenschaftlern einzusetzen. Einem »fremden Parlament« stünde es nicht zu, meinte er, quasi als Gericht über die »historische Schuld oder Unschuld eines anderen Volkes zu richten«. Nach der Armenien-Resolution gab es handfeste Drohungen – sie reichten bis zu Mord, sodass die elf deutsch-türkischen Bundestagsabgeordneten verstärkten Polizeischutz erhalten mussten. In die Türkei werden sie vorerst nicht mehr reisen können.

Die Armenien-Debatte brachte weitere Bruchstellen des deutsch-türkischen Verhältnisses zum Vorschein. 20 Staaten haben bisher die Verbrechen an den Armeniern als Völkermord verurteilt. Doch die Verurteilung durch Deutschland traf die Türkei besonders hart. Aufgrund der langen gemeinsamen Geschichte und der guten Zusammenarbeit als Partner und Verbündeter hatte man auf mehr Verständnis gehofft. Auch viele Deutschtürken nahmen es persönlich, sahen ihre Vorurteile bestätigt, dass ihre neue Heimat sich nicht um ihre Befindlichkeiten scherte. Die Wucht der Reaktionen bekam auch die Integrationsbeauftragte Aydan Özoğuz zu spüren: DITIB sagte ein geplantes Fastenbrechen mit ihr ohne Begründung ab. Die Vermutung lag nahe, dass der islamische Dachverband, in dem mehr als 900 Moscheen organisiert sind, Order aus Ankara erhalten hatte, die deutsch-türkischen Abgeordneten abzustrafen.

Dass DITIB-Imame einem starken Druck aus der Türkei ausgesetzt sind, wurde nach dem Putschversuch erneut deutlich. Am 22. Juli 2016 gaben die islamischen Geistlichen in der Freitagspredigt, die übersetzt auf der Internetseite des Verbands nachzulesen war, folgende Botschaft aus: »Wir waren mit sehr vielen Ereignissen konfrontiert, die unsere Existenz, unseren

Glauben, unsere heilig erachteten Werte und unseren Frieden
zur Zielscheibe von skrupellosen und gnadenlosen Mächten gemacht hatten … Wir sind Zeugen davon geworden, dass durch
die Hand von internen und externen Bösen sowie einer unseli-
gen Struktur ein Putschversuch gegen die Unabhängigkeit unseres Volkes und der Demokratie unseres Landes unternommen
wurde … Aber durch dieses Ereignis wurde sichtbar, dass diejenigen, die seit vierzig Jahren die gesäten Körner der Aufwiege-
lei, des Aufruhrs und der Feindschaft (begangen haben), unserem Volk großen Schaden zugefügt haben … Die Menschen
wurden durch Instrumentalisierung der religiösen und nationalen Werte belogen, um die eigenen Ziele und teuflischen Pläne
zu verwirklichen.« Besser hätten es Präsident Erdoğan und die
AKP nicht formulieren können.

Auch im Islam ist es die wichtigste Aufgabe von Geistlichen,
Gläubige in ihrer Religion zu unterweisen. Ihre Obliegenheit
ist – wie in den Grundsätzen der DITIB festgelegt – die Vermittlung von religiösen Werten: »Nachsicht, Toleranz und Solidarität der Menschen untereinander«. Nach dem Putschversuch
wäre es unstrittig angemessen gewesen, den Opfern und ihren
Angehörigen gegenüber Beileid und tiefes Mitgefühl auszudrü-
cken und zur Versöhnung des gespaltenen Landes aufzurufen. In
ihren Grundsätzen heißt es ferner: »DITIB ist eine überparteiliche Organisation und verbietet jede Art von parteipolitischer
Aktivität.« Wie es scheint, haben sich einige Imame von ihrer
eigenen Satzung weit entfernt.

Selbstverständlich wiesen Funktionäre des Dachverbands
diese Anschuldigungen von sich. Die Predigt habe keine politische Aussage enthalten, sondern sei eine Antwort auf die Ängste
und Sorgen der türkischen Gemeinde gewesen. Aushänge an
DITIB-Moscheen verdeutlichen aber unzweifelhaft die Partei-
lichkeit: »Vaterlandsverräter haben hier keinen Zutritt.«

Präsident Erdoğan hatte ja ohnehin nach dem Putschversuch

angekündigt, Gülen-Anhänger künftig erbarmungslos zu verfolgen. So berichtete die Zeitung *Hürriyet* von einem »Terror-Rundbrief« an die Adresse des staatlichen Amts für Religiöse Angelegenheiten, Diyanet, der die AKP-Linie vorgab. Die Imame bekamen die Anweisung, in den Korankursen zu erklären, dass Terrororganisationen wie die von Fethullah Gülen gegen die Prinzipien des Islam verstießen.

*Cumhuriyet* berichtete am 8. Dezember 2016 als erste Zeitung, dass DITIB-Imame im Auftrag der türkischen Religionsbehörde Gläubige außerhalb der Türkei bespitzelten. So wurden Informationen über Personen gesammelt, die der Gülen-Bewegung nahestehen sollen, und an die Generalkonsulate weitergeleitet. Die Zeitung, die selbst erheblichen Repressalien vonseiten des türkischen Staates ausgesetzt ist, spricht sogar von einer Spionagetätigkeit für den türkischen Geheimdienst MIT. Sie ging damit ein hohes Risiko ein – nach der letzten Enthüllung über Tätigkeiten des türkischen Geheimdiensts wurde ihr Chefredakteur verhaftet. Dem *Cumhuriyet*-Artikel zufolge handelt es sich um Berichte zu Gülen-Anhängern aus insgesamt 38 Ländern, mit Adressen und Namen der verdächtigen Personen. In Deutschland waren die Spione besonders aktiv. So schreibt der Religionsbeauftragte der Moschee in Bergneustadt pflichtbewusst: »Als Bildungseinrichtung von FETÖ gibt es hier die ›Aktive Lernhilfe‹. Sie gilt als ein Zentrum der Gülen-Bewegung.« Von diesem Nachhilfeverein aus werde alles organisiert. Mit Unterstützung aus der hiesigen Moscheegemeinde setzten die Initiatoren der »Aktiven Lernhilfe« ihr »böses Werk« fort, sogar mithilfe der deutschen Behörden und der lokalen Presse. In einem anderen Fall wird eine junge Frau denunziert: »Während ihrer Universitätszeit wohnte sie in Einrichtungen dieser Organisation. Kam als Braut nach Deutschland, ist Hausfrau. Auch wenn sie keinerlei Kontakte zur Gülen-Organisation mehr pflegt, hört man, sie habe noch eine gewisse Sympathie für sie.«

Solche Spitzelberichte gibt es mithin aus anderen europäischen Ländern, aus den Niederlanden, Belgien oder Österreich. Hier sammelten willfährige Imame ebenso Informationen über vermeintliche Feinde der türkischen Regierung, die über Botschaften und Generalkonsulate nach Ankara übermittelt wurden. Diese nachrichtendienstliche Tätigkeit der Geistlichen wird nicht kritisch hinterfragt. Das türkische Amt für Religionsangelegenheiten Diyanet, das sich inzwischen wie eine Zweigstelle der AKP-Parteizentrale verhält, reagierte auf die Vorwürfe mit großem Unverständnis. Es sei die Pflicht und Aufgabe der Imame, so hieß es, vor dieser Terrororganisation zu warnen.

In der türkischen Verfassung ist klar definiert: Der Staat mischt sich nicht in die religiösen Angelegenheiten ein und die Religion nicht in die Politik. Die Nähe zwischen Staat und Religion hat aber seit Erdoğan ohne Zweifel zugenommen, diese beiden Institutionen verschmelzen immer stärker miteinander. Diyanet setzt die Ziele der islamisch-konservativen AKP um und beteiligt sich bereitwillig an der Islamisierung des alltäglichen Lebens der Türken. Seine Imame hatten etwa in einer Freitagspredigt die Gläubigen dazu aufgerufen, Silvester als unislamischen Tag nicht zu feiern. Islamistische Zeitungen schlossen sich dem an. Ein Spiel mit dem Feuer. In der Silvesternacht 2016/2017 stürmte ein Anhänger des »Islamischen Staats« den Istanbuler Nachtclub Reina und tötete 39 Menschen – an diesem unislamischen Tag.

DITIB, ein Ableger von Diyanet, gibt es schon seit 1984. Erst seit der Instrumentalisierung durch Erdoğan steht der islamische Verband unter öffentlicher Kritik. Da die Geistlichen aus der Türkei entsandt und vom türkischen Staat bezahlt werden, ist eine Steuerung durch die türkische Regierung relativ unkompliziert. Von deutschen Landesregierungen werden nun eindeutige Veränderungen gefordert: Der Verband solle sich von Erdoğan lösen, die Finanzierung von Moscheegemeinden aus der Türkei solle beendet, es sollen nur noch in Deutschland ausgebildete Imame beschäftigt werden. Noch nie war DITIB so in Bedrängnis, insbesondere die Bespitzelungsvorwürfe wiegen schwer und könnten ihre bisherigen Bemühungen um den religiösen Dialog in Deutschland gefährden.

Bekir Alboğa, DITIB-Generalsekretär, ist nun massiv in die Defensive geraten. Hatte er anfänglich von »manipulativen und unwahren« Berichten gesprochen, mit denen der Ruf des Verbands geschädigt werden sollte, entschuldigte er sich für diese »Panne« und gab schließlich zu, dass »einige wenige Imame« spioniert hätten. Nach dem bisherigen Kenntnisstand handelt es sich um mindestens 16 muslimische Spitzel, gegen die jetzt die Bundesanwaltschaft wegen des Verdachts der geheimdienstlichen Agententätigkeit ermittelt. In ihrem Visier standen nicht nur Moscheen, sondern auch Kindergärten, Schulen und eben Nachhilfeeinrichtungen. Wohnungen in Nordrhein-Westfalen und Rheinland-Pfalz wurden durchsucht, Beweismittel sichergestellt. Einige der Beschuldigten verließen Deutschland, die Bespitzelten aber müssen damit rechnen, dass man ihnen bei einer Einreise in die Türkei die Pässe abnimmt oder dass sie inhaftiert werden. Auch ihre Verwandten in der Türkei müssen mit Nachstellungen von Erdoğans Machtapparat rechnen. Bundesjustizminister Heiko Maas sagte zu den Vorfällen: »Wer den Islam nur als Deckmantel für Spionage benutzt, kann sich nicht auf die Religionsfreiheit berufen.« Für die AKP ist die »Enttarnung« der Imame unangenehm. Ihren Vertretern bleibt nur die Möglichkeit, das »Selbstbestimmungsrecht der DITIB, das ihr entzogen würde«, zu fordern.

Die Bundesregierung macht seitdem Druck, damit sich DITIB glaubhaft von Ankara löst, um weiter vertrauensvoll mit ihr zusammenarbeiten zu können. Sie sucht nach Wegen, die türkischen Imame dem politischen Einfluss Ankaras zu entziehen, und will dafür sorgen, dass sie nicht mehr von der Türkei bezahlt werden. DITIB ist ein Verein nach deutschem Recht. Auf diese Weise könnte er sich auf seine ursprüngliche Aufgabe der Glaubensvermittlung konzentrieren. Die Existenz eines reformierten islamischen Verbands wäre für den Integrationsprozess wichtig. Es gibt auch Überlegungen, die fortschrittlichen Kräfte – in Deutschland geborene oder aufgewachsene Deutschtürken, die mit der Organisationsstruktur von DITIB unzufrieden sind – zu stärken.

»Ja zur Demokratie. Nein zum Staatsstreich« – unter diesem Motto hatte die Union der Europäisch-Türkischen Demokraten (UETD) Ende Juli 2016 zu einer Demonstration in Köln aufgerufen. Der AKP-Politiker Mustafa Yeneroğlu, der allgemein als die Stimme von Erdoğan in Deutschland wahrgenommen wird, bezeichnete sie als eine »Bewährungsprobe für die Demokratie« in Deutschland. Denn schließlich demonstrierten die 30 000 Teilnehmer hauptsächlich wegen des gescheiterten Militärputsches, bei dem über 260 Menschen gestorben seien. Die Vorgänge rund um den Putschversuch in der Türkei hatten viele Deutschtürken aufgewühlt – sie sind emotional verbunden mit dem Land, aus dem einst ihre Eltern oder Großeltern emigrierten. Doch die deutschen Kritiker aus Politik und Medien waren sich sicher: Es war nur eine Propagandaveranstaltung für Erdoğan. Sie zeigten sich entsetzt, dass Menschen, die hier geboren oder aufgewachsen waren, für einen Autokraten wie ihn auf die Straße gingen.

Schon im Vorfeld teilten beide Seiten kräftig aus. Der Kölner Polizeipräsident Jürgen Mathies prahlte damit, ihm sei es gelungen, eine Teilnahme des türkischen Außenministers Çavuşoğlu zu verhindern – immerhin der Vertreter eines NATO-Partners und EU-Beitrittskandidaten. Für die Türken war das ein Affront, nicht zuletzt deshalb, weil sich vor einigen Jahren, ebenfalls in Köln, Zehntausende kurdischer PKK-Sympathisanten problemlos versammeln durften. Auch ihr Kommandeur Murat Karay-

ılan wurde live aus dem Ausland zugeschaltet, was dem türkischen Präsidenten nicht gestattet worden war, weil das Bundesverfassungsgericht dies verboten hatte. Wie kann es sein, fragten
sich nationalbewegte Türken, dass dem Führer der als Terrororganisation eingestuften PKK in Deutschland mehr Respekt ent-
gegengebracht wird, als dem demokratisch gewählten Staatspräsidenten der Türkei? Seitdem ist dieser Sachverhalt bei jeder
deutschen Kritik ein Grund, beleidigt mit dem Finger auf die
Bundesrepublik zu zeigen und die Doppelmoral zu beklagen.

Es gab hitzige Diskussionen über mögliche Ausschreitungen.
Um für Sicherheit zu sorgen, wurden über zweitausend Polizisten aus ganz Deutschland in Köln zusammengezogen. Die Stimmung war gereizt, zumal Erdoğan inzwischen damit begonnen
hatte, Tausende Militärs, Richter und Lehrer festnehmen zu lassen – der Beginn einer unvorstellbaren »Säuberungswelle«.

Die Reaktionen wurden aufgebrachter, die Diskussionen um
mangelnde Integration und Loyalität hysterischer. In den Foren
deutscher Zeitungen kochte der Volkszorn hoch. »Stoppt diesen
Wahnsinn!«, forderten deutsche Wutbürger und bedrängten die
Politik, die Demonstration zu verbieten. Es gab kein Mitgefühl,
keine Solidarität nach dem vereitelten Putsch für den Teil der
Gesellschaft, mit dem man seit über fünfzig Jahren zusammen-
lebte. Angesichts von Deutschtürken, die sich in türkische Halb-
mondflaggen hüllten, reagierten sie mit zum Teil grotesken Forderungen: »Kein Geld mehr für die Türkei«, »Keine Reisen,
kein Döner mehr!«. Oder: »Alle Teilnehmer der Köln-Demo
polizeilich erfassen und danach überwachen«, »Bei der ersten
Gelegenheit in die Türkei abschieben!«. Der Populismus hatte
weite Teile der Gesellschaft ergriffen, und Teile des deutschen
Bürgertums hatten eine grundlegende Abwehrhaltung gegenüber Türken und den hier lebenden Deutschtürken bezogen. Nur
wenige riefen zu Mäßigung und Gelassenheit auf, die anderen –
leider die Mehrheit – sahen den Untergang des christlichen

Abendlands gekommen. Schrille Töne, zu viel Populismus auf beiden Seiten vergifteten das Klima.

Ministerpräsidentin Hannelore Kraft versuchte die richtigen Worte zu finden: »Tragen Sie einen innenpolitischen Konflikt nicht in Ihre Wahlheimat Nordrhein-Westfalen, in Ihre Familien, Ihre Freundeskreise und auch nicht in Ihre Herzen.« Jeder habe das Recht, für seine Überzeugungen zu demonstrieren. »Aber bitte bleiben Sie besonnen, aber bleiben Sie vor allem friedlich.« Das hob sich wohltuend von anderen Stimmen ab, wie etwa der von CSU-Generalsekretär Andreas Scheuer. Er drohte: »Wer sich in der türkischen Innenpolitik engagieren will, kann gerne unser Land verlassen und zurück in die Türkei gehen.«

Unter der Überschrift, Recht und Ordnung zu fordern, wird denjenigen, die eine andere Meinung haben, mit »Rauswurf« gedroht. Die, die das fordern, bieten eine einfache Argumentationskette an: Ein Deutschtürke, der zu einer Erdoğan-Demo geht, muss eine mangelnde Loyalität gegenüber Deutschland empfinden. Die Tatsache, dass diese 30 000 nur ein Prozent aller Deutschtürken repräsentieren, wird nicht berücksichtigt.

Der Vorsitzende der Jungen Union, Paul Ziemiak, meinte in einer Talkshow im September 2016: »Wer Deutscher sein will, der muss sagen, Gauck ist mein Präsident.« Das sahen die Studiogäste nicht anders, es gab viel Applaus. Kurz zuvor war Joachim Gauck bei einem Besuch im ostsächsischen Sebnitz mit einem »Hau ab« begrüßt worden und wurde als »Volksverräter« geschmäht. Von den offenkundig rechtsgerichteten Demonstranten wurde keine Loyalität verlangt.

Der CDU-Politiker Jens Spahn stellte sogleich die doppelte Staatsbürgerschaft infrage. Die in Deutschland lebenden Türken müssten sich entscheiden, welchem der beiden Staaten ihre Loyalität gelte. Wessen Herz für Erdoğan schlage und wer für ihn und seine AKP auf die Straße gehe, solle das besser in der Türkei tun. Das Demonstrationsrecht in einer funktionierenden Demo-

kratie gilt aber für alle – sogar für diejenigen, die für einen gewählten Präsidenten Erdoğan auf die Straße gehen. Die Stigmatisierung, die Haltung, einen Teil der Deutschtürken nicht als
vollwertige Mitglieder der Gesellschaft wahrzunehmen, macht
es dem türkischen Präsidenten natürlich allzu leicht, ihre Sympathien zu gewinnen.

Innenpolitische Konflikte in der Türkei greifen deshalb in
letzter Zeit sehr schnell auf Deutschland über – wie eben nach
dem Putschversuch am 15. Juli 2016. Weil Erdoğan den islamischen Prediger Fethullah Gülen dafür verantwortlich machte,
gingen sogleich, wie ferngesteuert, Zehntausende AKP-Anhänger auf die deutschen Straßen, um gegen den Erzfeind zu protestieren. Einige attackierten Einrichtungen von Gülen und seiner
Anhänger.

Gülen ist zurzeit das Hauptthema der türkischen Politik, das
Phantom, das für alles herhalten muss. Seine Anhänger werden
für alle Probleme verantwortlich gemacht. »Kauft nicht deren
Produkte, lest nicht ihre Zeitungen und holt eure Kinder aus deren Schulen«, warnte schon Erdoğan, nachdem ihn der islamische Prediger mit der Aufdeckung eines Korruptionsskandals
2013/2014 ins Visier genommen hatte. Auf Kundgebungen fragte er immer wieder: »Seid ihr bereit, dieses Spiel zu zerstören?«
Man werde ihnen »die Kehle zudrücken, die Hände brechen«.
Ein Weltbild, eingeteilt in Gut und Böse. Hochstilisiert zu einem
Bösewicht wie aus einem *James Bond*-Film, ist Gülen der perfekte Sündenbock. Nicht thematisiert wird, dass dieser vermeintliche »Terrorpate« ja einst ein enger Verbündeter der islamisch-konservativen AKP war. Parteigranden pilgerten noch
vor nicht allzu langer Zeit ins US-amerikanische Saylorsburg,
um dem Geistlichen die Hände zu küssen, um ihm Respekt für
das gemeinsam Geleistete zu zollen. Um die abrupte Wende im
Verhältnis Erdoğan und Gülen plausibel erscheinen zu lassen,
wird nun eine allumfassende Propagandamaschine angeworfen.

Auf türkischen Fernsehkanälen werden Laufschriften einge-
blendet, die statt Börsenkurse Verhaftungserfolge verkünden.

In Deutschland verabredeten sich Erdoğan-Anhänger an verschiedenen Orten über die sozialen Medien, um Schulen und
Jugendzentren der Gülen-Bewegung zu attackieren. Die Mobil-
machung funktionierte. Es gab Hass-E-Mails, Drohanrufe und
Appelle zur Denunziation. Über WhatsApp wurde dazu aufgerufen, nicht in Geschäften einzukaufen, deren Inhaber der Gülen-Bewegung nahestehen. In Moscheen wurde Gülen-Anhängern ostentativ der Zutritt zum Freitagsgebet verwehrt. Islamische Geistliche forderten über Facebook die Menschen auf,
diese Leute bei der türkischen Regierung zu melden. Die deutschen Behörden waren alarmiert und fürchteten um den inneren
Frieden.

Die Gülen-Bewegung (»Hizmet« in Deutschland) betreibt
nach eigenen Angaben etwa 150 Einrichtungen. Ansprechpartner ist die »Stiftung Dialog und Bildung«. Mit ihr verbunden
sind 25 Schulen, die meisten davon Gymnasien, Kindertagesstätten und Nachhilfeschulen, die sich nach außen weltoffen präsentieren. Ob in Berlin oder in Stuttgart, einige Einrichtungen
mussten Polizeischutz anfordern. Verschreckte Eltern, die Angst
hatten, man könnte sie als Sympathisanten einstufen, meldeten
ihre Kinder ab.

Der Sprecher der Bewegung in Deutschland, Ercan Karakoyun, bekam Morddrohungen, obwohl er den Putschversuch
deutlich verurteilt hatte. Der islamische Prediger Fethullah Gülen meldete sich aus den USA und twitterte: »Wenn sie ein
Zehntel von den Vorwürfen beweisen, bin ich dazu bereit, mich
selber an die Türkei auszuliefern und sogar an den Galgen zu
gehen.«

In den vielen Interviews, die Gülen mit westlichen Journalisten in den USA führte, tritt er offen und zugewandt auf. Auf die
Frage etwa, ob Andersgläubige in einem idealen muslimischen

Staat ihre Religion ausüben dürften, reagiert er mit Erstaunen: »Ein idealer muslimischer Staat? Der Islam ist eine Religion und keine Regierungsform.«

Alles nur Fassade? Über die Gülen-Bewegung in Deutschland ist nur wenig bekannt. Die einen sehen sie als relativ säkulare und bildungsorientierte Bewegung, die anderen halten sie für gefährlich und nebulös, vergleichen sie mit einer islamischen Sekte, die ihre Mitglieder im Geheimen operieren lässt mit dem Ziel, überall dort, wo sie sich einnisten, die Gesellschaften zu unterwandern. Karakoyun sagt, der Vorwurf sei absurd. Eine Organisation, die so stark den Dialog mit Andersdenkenden suche und auf Bildung setze, sei alles andere als eine Sekte. Schon gar nicht eine Terrororganisation, wie die türkische Regierung behaupte.

Die AKP möchte nun, dass die Gülen-Bewegung vom Verfassungsschutz beobachtet wird. Doch dafür sehen die deutschen Behörden keine Veranlassung. »Hier sollen Leute auf irgendeinen Verdacht hin grundlos verfolgt und diskriminiert werden«, sagte der baden-württembergische Ministerpräsident Winfried Kretschmann. Jede Einrichtung und jede Institution werde nach deutschem Recht beurteilt und nicht nach der Auffassung der Regierung in Ankara. Das Gleiche gilt, wenn Erdoğan von der Bundesregierung verlangt, nach Deutschland geflüchtete Richter und Staatsanwälte auszuliefern. Ebenso die Dutzenden von ranghohen NATO-Soldaten, die in Deutschland Asyl beantragt haben. Sie beteuern, dass sie nichts mit dem Putschversuch zu tun hätten.

Es scheint, als fordere die türkische Regierung die Bundesregierung bewusst heraus. Auch bei dem »Weihnachtsverbot« an einem deutsch-türkischen Gymnasium in Istanbul ging es um eine Machtdemonstration gegenüber Deutschland, aber auch um eine Vergeltungsmaßnahme – solche hatte Erdoğan nach der Armenien-Resolution angekündigt. Der Streit fing Mitte Dezember 2016 damit an, dass offenbar die türkische Schulleitung die deutsche Abteilung darauf hingewiesen hatte, Inhalte über das christliche Fest und derartige Themen dürften fortan nicht mehr im Unterricht vermittelt werden, auch sollten keine Weihnachtslieder mehr gesungen werden. Als das publik wurde, löste es einen Sturm der Entrüstung in Deutschland aus. Die türkische Schulleitung versuchte, die Erregung zu dämpfen, sie gab aber auch zu, dass die an der Schule beschäftigten deutschen Lehrer »Texte über Weihnachten und das Christentum auf eine Weise behandelt hätten«, die nicht im Lehrplan vorgesehen seien. Sie hätten dabei Aussagen getroffen, »die von außen betrachtet den Weg für Manipulationen freimachen«. Gemeint sei hier eine Art Missionierung vonseiten des deutschen Staates, der die türkischen Schüler ausgesetzt seien – so jedenfalls sahen es AKP-Politiker, die sich daraufhin zu Wort meldeten. Die Kritik aus Deutschland wiesen sie zurück und argumentierten, »dass an einer staatlichen türkischen Schule es nicht erlaubt sei, den Schülern die deutsche Staatsreligion und Politik beizubringen«.

Dass deutsche Lehrer und ihre türkischen Schüler zum Spielball der islamisch-konservativen Regierung wurden, zeigte die neue Richtung in den Beziehungen beider Länder. Dabei sieht das Abkommen zwischen Deutschland und der Türkei ausdrücklich vor, die Schüler mit den Kulturen beider Länder vertraut zu machen. Um dem gerecht zu werden, bezahlt die Bundesrepublik die an türkische Schulen entsandten Lehrer aus deutschen Steuermitteln. Jahrzehntelang stand die kulturelle Bereicherung im Mittelpunkt, und nun stieß sich die türkische Regierungspartei sogar daran, dass an deutsch-türkischen Schulen an Weihnachten Glühwein getrunken würde. Auch diese »Schulposse« ist ein Indiz dafür, wie stark sich die »Erdoğan-Türkei« aktuell von antideutschen Emotionen leiten lässt.

Erdoğans Auftritte zielen genau auf die Gemütslage der Türken im In- und Ausland. Er spricht ohne Unterlass und grundsätzlich ohne Manuskript. Seine Anhänger jubeln, singen und schwenken türkische Fahnen – eine rauschartige Veranstaltung, darunter viele Frauen mit Kopftüchern, züchtig und fromm. Ein Modell, das vor einigen Jahren nach Deutschland importiert wurde. Denn hier leben die meisten AKP-Anhänger der türkischen Diaspora – konservativ und sunnitisch wie der türkische Präsident, leicht empfänglich für seine Botschaften. Schon 2008 hatte er in Köln für den ersten Wirbel gesorgt: »Assimilation ist ein Verbrechen gegen die Menschlichkeit!« Es folgten weitere Kundgebungen – 2010, 2011, 2014. Ob in Köln, Düsseldorf oder Berlin, er belehrte seine Anhänger wie ein gestrenger Vater, der nur das Beste für seine Kinder will, gab auch allerlei nützliche Tipps für sämtliche Lebenslagen, etwa: »Pflegt eure Kultur«, »Habt drei Kinder«, »Kein Kaiserschnitt«, »Kein Alkohol«. Er vermittelte ein umfassendes islamisch-konservatives Weltbild.

2014 kam er gleich zweimal nach Deutschland, um unter Deutschtürken für Wählerstimmen in der Türkei zu werben. Denn zum ersten Mal gab es hier Wahlurnen. Er präsentierte ihnen seine Erfolge: vier Prozent Wachstum, 17 100 Kilometer mehrspurige Straßen, man habe das Kopftuchverbot für Frauen an türkischen Universitäten aufgehoben und so für den sozialen Frieden gesorgt, den Terror im Südosten des Landes besiegt. Keine Mutter und kein Vater müssten mehr um ihre Kinder weinen. Es war nicht zu übersehen, welches Spiel Erdoğan spielte.

Nun, auch Franzosen oder Italiener dürfen in Deutschland die Parteien ihrer Heimat wählen. Von ihnen wird im Grundsatz keine Loyalität zu Deutschland gefordert. Doch ihre Ministerpräsidenten oder Staatspräsidenten treten bei keiner Wahlkampf-Großkundgebung in Deutschland auf, und wenn, würde sich ihr Politikstil von dem Erdoğans unterscheiden. Diplomatische Zurückhaltung kennt er nicht, und er gibt vor, zu wissen, was »sein Volk«, »seine Staatsbürger« hören wollen: »Seid stolz auf eure Sprache, eure Fahne, eure Kultur.« Schon damals stieß die Begeisterung eines Teils der Deutschtürken für den türkischen Präsidenten auf Kritik.

Ein Wort, eine Aktion von ihm genügt, schon sind seine Anhänger in Deutschland mobilisiert. Die PR-Netzwerke der AKP sind darauf eingestellt, in den letzten Jahren wurden sie perfektioniert. Eine große Bedeutung kommt der auf Initiative von Erdoğan gegründeten Union Europäisch-Türkischer Demokraten zu. Die ersten Jahre seit ihrer Gründung im Jahr 2004 eher unauffällig, versteht die UETD sich mittlerweile als Vorhut in Europa und ist in insgesamt 16 europäischen Ländern vertreten, selbst in Ländern mit einer geringen Zahl an türkischen Migranten. Das Ziel ist klar gesteckt: Eine flächendeckende Erdoğanisierung. Allein in Deutschland arbeiten 13 Zweigstellen für den Machterhalt des türkischen Präsidenten. Zu den feierlichen Eröffnungen der Zweigstellen kommt AKP-Provinzprominenz aus der Türkei, dann beten die Mitglieder zusammen und stimmen die Nationalhymne an.

Das Hauptaugenmerk liegt dabei auf Nordrhein-Westfalen, wo die meisten Menschen mit türkischen Wurzeln leben. Die UETD organisiert nicht nur Erdoğans Kundgebungen, sondern betreibt zudem Wahlkampfhilfe für die insgesamt 1,4 Millionen Türken mit türkischem Pass – das ist auch der Grund für die regelmäßigen Kundgebungen, zu denen Tausende Türken aus den europäischen Nachbarländern mit kostenlosen Reisebussen nach Deutschland transportiert werden. Für die Kölner Demo nach dem fehlgeschlagenen Putsch wollte man gar 100 000 Menschen zusammenbekommen, am Ende wurden es nur maximal 30 000 Teilnehmer – eine sonderbare Mischung aus nationalistisch-islamisch Gesinnten, die vorgaben, für die Demokratie zu sein, und die die Deutschen dennoch in Angst und Schrecken versetzten.

Auch den oppositionellen Parteien in der Türkei stünde es frei, so heißt es, derartige Kundgebungen durchzuführen. Doch fehlt es ihnen anscheinend an Kraft, Geld und der nötigen Infra-

struktur. Vielleicht wollen sie auch die deutsche Gastfreund-
schaft nicht überstrapazieren.

Auf ihrer Homepage sieht sich die UETD als überparteiliche
Organisation, die nach eigenen Angaben »die Interessen von
rund sieben Millionen EU-Bürgern türkischen Ursprungs vertritt, von denen alleine mehr als drei Millionen in Deutschland
leben«.

Alle Türken in Europa vereint unter einem Dach – das ist die
noch lange nicht erreichte Wunschvorstellung. Die »Überpartei-
lichkeit« ist leicht zu widerlegen. Der Vorsitzende der UETD,
Zafer Sırakaya, und seine Mitstreiter – gut ausgebildete, smarte
Akademiker – geben die AKP-Linie eins zu eins wieder: Die
Verhaftungen von Richtern und Staatsanwälten sind eine Maßnahme des Staates, um die Unabhängigkeit der Gerichte erneut
herzustellen, die Einschränkungen der Pressefreiheit eine Sicher-
heitsmaßnahme gegen Personen, die die Meinungs- und Pressefreiheit für terroristische Ziele missbrauchen.

Hier wird natürlich, genauso wie in der Türkei, der Terroris-
musbegriff sehr, sehr weit gefasst. Wenn etwa Erdoğan behauptet, Deutschland sei eines der wichtigsten Länder, in denen »Terroristen Unterschlupf finden« oder Terroristen von »äußeren
Mächten« gesteuert würden, um die Türkei in die Knie zu zwingen, wird das europaweit in Sekundenschnelle über Facebook
und Twitter geteilt. Auch seine martialische Sprache wirkt mobi-
lisierend, etwa wenn er seinen Feinden droht: »Wir werden euch
ausrotten, euch aus euren Höhlen holen.« Meist klingen seine
Worte so, als befände sich die Türkei inmitten von Terror, Miss-
gunst und Neid. Ein Wink und seine willfährigen Anhänger gehen auch in Deutschland gegen die zahlreichen Terrororganisationen vor und auf die Straße, sei es PKK, DAES(IS), PYD/
YPG oder FETÖ – organisiert von der UETD.

Die Organisation ist Erdoğan so ergeben, dass sie getreu den
Vorgaben aus Ankara Aufrufe startete, in denen es hieß, man solle

die »Social-Media-Profile« von Personen melden, die »terroristische und sonstige kriminelle« Inhalte verbreiten. Gemeint waren natürlich vor allem Gülen-Anhänger, die nach dem Putschversuch aufgespürt werden sollten. Als Kontakt wurden vier E-Mail-Adressen der türkischen Polizeibehörde angegeben – so geschehen unter anderem in Österreich.

Zum AKP-nahen Netzwerk gehören mittlerweile auch Zeitungen. So rief die Europaausgabe der *Sabah* ihre Leser dazu auf, »Vaterlandsverräter des Jahrhunderts« per Telefon, WhatsApp oder E-Mail zu denunzieren.

Die aggressive Stimmung begann mit der Polarisierung nach den Gezi-Protesten und dem absoluten Willen Erdoğans, seine Machtbasis auch in Europa auszuweiten. Jetzt werden wie selbstverständlich türkische Denunziations-Hotlines eingerichtet, die direkt nach Ankara führen. Es kann nun jeden treffen.

Die Hauptarbeit der Lobbyorganisation ist klar umrissen: Die AKP-Wählerschaft in ganz Europa auf Linie zu halten und die Politik des Staatsoberhaupts auf allen möglichen Plattformen zu verteidigen. So arbeiteten ihre Funktionäre daran, das von Erdoğan gewünschte Präsidialsystem den Deutschtürken schmackhaft zu machen oder die Vorzüge der »neuen Türkei« anzupreisen. Außerdem bietet sie an, sich für die Belange der Deutschtürken in Integrationsfragen einzusetzen. Doch das Ziel des Lobbyverbands, der alleinige Vertreter aller Deutschtürken zu sein, ist zu hoch gesteckt. Ihr Einfluss beschränkt sich eindeutig auf die Anhänger Erdoğans, da allerdings mit großem Erfolg.

Ein Blick auf ihr eigenes PR-Video verdeutlicht die Strategie. Es werden Geschichten erzählt, die viele Deutschtürken gut nachvollziehen können. Denn so oder so ähnlich hat sich die Einwanderungsgeschichte der Türken über die letzten 50 Jahre tatsächlich abgespielt. In dem Video ist ein türkischer, desillusioniert wirkender Rentner zu sehen. Als junger Emigrant nach Deutschland gekommen, arbeitete er viele Jahre hart, sparte sein

Geld, weil er wie viele andere dachte, er würde eines Tages in die Heimat zurückkehren. »Aber sie konnten es nicht«, sagt eine Stimme im Off. »Denn sie wurden hier heimisch, wurden Europäer.« Die europäischen Türken würden ihre Wurzeln nicht verleugnen, aufrecht gehen und ihre Rechte verteidigen, heißt es da weiter. Es sind Worte, die Selbstbewusstsein vermitteln und trotzig das Recht einfordern, zu Europa zu gehören, auch wenn Deutschland ihnen diesen Status verwehre.

Der Unternehmer Remzi Aru gehörte zu den Ersten, die sich organisierten, er ist ein Gründungsmitglied der UETD. Der Erdoğan-Fan hat nun sogar eine eigene Partei gegründet, die Allianz Deutscher Demokraten (ADD). Der Auslöser sei die Armenien-Resolution gewesen. Er empfand sie als »endgültigen Beweis für die Diskriminierung der Türken in Deutschland«.

Das habe zu einem großen Vertrauensverlust geführt. So wie er denken inzwischen viele. Sie betonen seitdem viel mehr ihre Identität und spüren ihr »Türkischsein«. Von deutscher Seite sei keine Unterstützung zu erwarten, also müssten sie selbst für ihre Interessen kämpfen. Eine ähnliche Motivation hatten die Initiatoren der Migrantenpartei Bündnis für Innovation und Gerechtigkeit (BIG). Gegründet 2010 von UETD-Funktionären, nahm sie an vielen Landtagswahlen teil, scheiterte aber immer wieder an der Fünf-Prozent-Hürde und verschwand mehr und mehr in der Bedeutungslosigkeit. Doch Aru, beflügelt durch die neue Entwicklung, gibt nicht auf, obwohl die Chancen der ADD ähnlich gering sein werden.

In Umfragen favorisieren Deutsche mit türkischen Wurzeln größtenteils die SPD. Und auch die Sozialdemokraten nehmen seit jeher für sich in Anspruch, die Migrantenpartei zu sein. Von allen Parteien im Bundestag hat die SPD die meisten Deutschtürken in ihrer Fraktion.

Die neue »Migrantenpartei« will nun die führende Rolle übernehmen. Der erste Landesparteitag in Nordrhein-Westfalen fand im Herbst 2016 statt. Aru und seine Kollegen bereiten sich auf ihre nächsten Wahlkämpfe vor. Eines steht schon fest: Die Wähler der ADD sollen die Anhänger der AKP sein, natürlich unter der Voraussetzung, dass sie den deutschen Pass haben und damit wahlberechtigt sind.

Wie sehr der Politikneuling Aru Erdoğan bewundert, wurde in einem Fernsehinterview deutlich, als er, unter dem euphorischen Klatschen seiner Mitstreiter, sagte, dass er dem türkischen Rechtsstaat mehr vertraue als dem deutschen. Schließlich hätte Deutschland die Türken nicht vor den Rechtsradikalen des NSU schützen können, man habe sie sogar selbst krimineller Taten beschuldigt. Das ist unstrittig ein großes Versagen der deutschen Justiz. Arus Lob für den türkischen Rechtsstaat, der in den Augen vieler nicht mehr funktioniert, deutet aber auf eine verzerrte Wahrnehmung.

Immer forscher übt ein Teil der Deutschtürken seinen Einfluss in Deutschland aus. Erdoğans wichtigster Mann in Deutschland ist aber der AKP-Abgeordnete Mustafa Yeneroğlu, der oft in den Medien präsent ist und unermüdlich für die UETD Vorträge hält. In Deutschland aufgewachsen, examinierter Jurist, könnte er der perfekte Vermittler zwischen den Kulturen sein. Doch er hat sich für die Lobbyarbeit im Dienste der AKP entschieden. Ein Engagement in einer deutschen Partei kann er sich nicht vorstellen. Warum, das erklärt er dem Internetmagazin *Migazin:* »Ich stehe für eine Politik, die Vielfalt – ob sprachlich, kulturell oder religiös – als Gewinn ansieht und diese nicht nur duldet, sondern aktiv fördert. In Deutschland kann man mit diesem Anspruch und dieser Agenda in den etablierten Parteien kaum punkten. In weiten Teilen der Politik werden solche Ansätze sogar misstrauisch beäugt, wenn nicht gar kritisiert und im Keim erstickt.« Diese große Enttäuschung teile er mit vielen Muslimen in Deutschland, die sich mehrheitlich von der Politik nicht vertreten sehen, missverstanden und ausgegrenzt fühlen, sagt Yene-roğlu, der bis 2015 Generalsekretär der Islamischen Gemein-schaft Millî Görüş (IGMG) war. Sie wurde Ende der Sechziger-jahre durch den islamistischen Politiker Necmettin Erbakan in der Türkei gegründet und baute später auch Organisationsstruk-turen in Deutschland auf.

IGMG, die größte islamistische Organisation in Deutschland mit 31 000 Mitgliedern, wird immer noch in Teilen vom Verfas-sungsschutz beobachtet. Klassische Feindbilder der religiös-politischen Bewegung sind laut dem Inlandsnachrichtendienst »Zionismus, Kommunismus und Kapitalismus«, ebenso der »rassistische Imperialismus der USA und der EU«. Aber auch die Abschaffung des Laizismus stand lange Zeit auf der Agenda. Die Bewegung verfügt über rund 320 Moscheevereine, die ne-ben der Vermittlung des islamischen Glaubens Bildungs- und Öffentlichkeitsarbeit leisten. Im Verfassungsschutzbericht heißt es dazu: »Die Religion wird zu einem Gesellschaftsmodell erho-ben, das sich anderen Ordnungen gegenüber als überlegen ver-steht und daher verbreitet werden muss.« Und weiter: »Mit Blick auf die Stärkung ihrer Position in der Gesellschaft legt die IGMG großen Wert auf die Ausbildung einer Elite aus den eige-nen Reihen.«

Yeneroğlu, der nun die Fahne der AKP hochhält, passt genau in dieses Profil. Zwar hat die AKP nach ihrer Abspaltung von Erbakans verbotener Fazilet Partisi (FP, »Tugendpartei«) 2001 einen liberaleren Kurs eingeschlagen, doch sowohl Erdoğan als auch Yeneroğlu verfallen immer wieder in antiwestliche Rheto-rik – in guter alter Tradition der Werte der Millî Görüş.

Yeneroğlus Behauptung, Deutschtürken würden aufgrund ih-rer Religion und Kultur generell benachteiligt, ist zudem ein pauschaler und nicht haltbarer Vorwurf. Allein die zahlreichen türkischstämmigen Abgeordneten aus allen deutschen Parteien sprechen dagegen. Seiner Meinung nach könnten sie aber ihre

Überzeugungen nicht vertreten: »Meine Beobachtung ist die, dass Türkei-stämmige Politiker – parteiübergreifend und insbesondere im Hinblick auf Muslime oder der Türkei – eine gewisse Haltung einnehmen müssen, um Karriere in der Politik machen zu dürfen.« Auf die deutschen Parteien sei also kein Verlass. Und es sind nicht nur CDU/CSU, denen er misstraut, insbesondere Grüne und Linke mischten sich vehement in die türkische Innenpolitik ein, unterstützten offen die prokurdische Partei HDP und ihren militärischen Arm, die terroristische PKK.

Von Yeneroğlu, der auch Vorsitzender des Menschenrechtsausschusses im türkischen Parlament in Ankara ist, wird keine Äußerung abseits der AKP-Linie zu erwarten sein. In Interviews verharmlost er die politische Lage in der Türkei. Auf die Frage, ob die Verhaftungen mit rechtsstaatlichen Maßstäben zugegangen wären, heißt es: Jeder andere Staat in Europa würde mindestens genauso handeln. Oder: Wenn der Staat in dieser Form massiv angegriffen und seine Institutionen beschädigt würden, dann müsse der Staat Vorsorge treffen, damit die Menschenrechte, damit die Bürgerrechte im Land gewahrt werden können. Eine simple Begründung für die »Säuberungen«, die unmittelbar nach dem Putschversuch erfolgten.

## Die Wunden der Vergangenheit

Durch aufgeladene innenpolitische Debatten geraten die Türken in Deutschland notgedrungen in die Defensive, und es wird ihnen bewusst, wie angreifbar sie sind. Das verstärkt nicht nur ihre Opferhaltung, sondern auch ihre Wut gegenüber der Mehrheitsgesellschaft, die sie ihrer Meinung nach nicht als gleichberechtigte Bürger ansieht. Das erinnert sie an die Situation nach der

Wiedervereinigung Anfang der Neunzigerjahre. Viele Türken fragten sich schon damals, ob Deutschland für sie noch eine Heimat sein könne.

Im November 1992 gab es in Mölln einen rassistisch motivierten Anschlag, bei dem drei Türken starben. Es folgten die tödlichen Attacken in Solingen im Mai 1993 mit fünf Toten. Die Bewohner der in Brand gesetzten Häuser hatten schon seit Jahren in Deutschland gelebt. Die Tatorte gelten noch heute als Synonyme für rassistische Gewalt in Deutschland. Nein, die Türken waren nicht allein in diesen Tagen, Tausende Deutsche zeigten Mitgefühl und Anteilnahme, sie protestierten gegen Ausländerfeindlichkeit, Rassismus und den Terror von rechts. Es gab Lichterketten gegen den wachsenden Rechtsradikalismus in ganz Deutschland. Trotzdem liegt seitdem der Schatten des Misstrauens über diesen Ereignissen, die Vermutung, dass der Staat die Türken gegen Rechtsradikale nicht ausreichend schützen kann oder will.

Zwischen den Jahren 2000 und 2006 ermordeten die Neonazis Uwe Böhnhardt und Uwe Mundlos nach bisherigem Ermittlungsstand zehn Menschen auf brutale Weise, darunter eine deutsche Polizistin, acht stammten aus der Türkei, einer hatte seine Wurzeln in Griechenland gehabt. Die Täter hatten offenkundig vermutet, dass er Türke sei. Jahrelang verfolgten die Ermittler falsche Spuren, auch der Nagelbombenanschlag 2004 in der Kölner Keupstraße – in ihr befinden sich viele türkische Geschäfte und Wohnungen von türkischen Migranten – mit 22 Verletzten blieb lange unaufgeklärt. Am Tag nach dem Attentat sagte der damalige Bundesinnenminister Otto Schily: »Die Tat deutet nicht auf einen terroristischen Hintergrund, sondern auf ein kriminelles Milieu.« 2013, vor dem NSU-Ausschuss, übernahm er die politische Verantwortung für das Versagen der Sicherheitsbehörden im Fall der Terrorzelle »Nationalsozialistischer Untergrund«. Er wies jedoch Vorwürfe zurück, er habe Ermitt-

lungen durch persönliche Fehleinschätzungen in die falsche
Richtung gelenkt. Er habe sich einzig auf vorläufige Erkenntnis-
se der Ermittler gestützt.

Über Jahre hinweg wurden stets die gleichen Ansätze verfolgt: Mafia, Drogen, Schutzgeld. Und es wurde ein unsäglicher
Begriff für diese Taten kreiert: »Döner-Morde«, ein rassistisches
Stereotyp, in dem die Verachtung mitschwingt. Dass »Döner-Morde« zum Unwort des Jahres 2011 gewählt wurde, doku-
mentierte die unheilvolle Botschaft des Begriffs. »Döner-Morde« – das habe die Opfer »in höchstem Maße diskriminiert, indem sie aufgrund ihrer Herkunft auf ein Imbissgericht reduziert«
worden seien, so die Begründung der Jury-Mitglieder.

Die Angehörigen mussten mit dem Verdacht leben, dass ihre
Väter, ihre Söhne Kriminelle gewesen seien. So wurden aus Opfern Täter. Nach dem Mord an dem Dortmunder Kioskbesitzer
Mehmet Kubaşık wurde erst einmal gegen die Familie des Op-
fers ermittelt. Die Ehefrau, die Tochter, die beiden Söhne wurden von der Polizei abgeholt. Acht Stunden dauerten die Verneh-
mungen. Ob der Vater Drogen verkauft habe, fragte man Gamze
Kubaşık, die Tochter. Ob er Feinde gehabt habe? Kubaşık glaubte sofort an eine ausländerfeindliche Tat. Doch keiner hörte ihr
zu.

Genauso erging es Semiya Şimşek, der Tochter des ermordeten Enver Şimşek, Blumenhändler aus Schlüchtern in Hessen.
Achtmal feuerten die NSU-Terroristen auf ihn. Wie auch die anderen Opfer lebte er schon lange in Deutschland. Sein Alltag
bestand aus Arbeit und dem Wunsch eines wirtschaftlichen Auf-
stiegs für die Familie. Seine Tochter hat ein Buch darüber geschrieben. In *Schmerzliche Heimat* erzählt sie nicht nur vom
harten Leben ihres Vaters, sondern beschreibt auch die Vorge-
hensweise der Polizei und erhebt Vorwürfe gegen den deutschen
Staat und die Politik, die auf dem rechten Auge blind zu sein
schien. Obwohl in Deutschland geboren und aufgewachsen, ist

sie nun in die Türkei gezogen. Ihr Vertrauen in die deutsche Justiz sei massiv erschüttert, sagt sie. Außerdem möchte sie, dass ihr Sohn ohne »jeglichen Rassismus und Migrationsdebatte aufwächst«. Sie möchte ihm jede Benachteiligung ersparen.

Erst 2011 flog der sogenannte Nationalsozialistische Untergrund auf. Das Neonazi-Duo wurde tot in einem ausgebrannten Wohnmobil aufgefunden, und die Ermittlungen gegen die rechte Terrorszene begannen erst jetzt. Rechtsterrorismus und Rassismus in Deutschland, aber ebenso die dubiose Rolle der Behörden und des Verfassungsschutzes wurden öffentlich diskutiert und bewertet. Die Aufarbeitung der Mordserie ist längst nicht abgeschlossen. Viele Spuren, beispielsweise Akten, wurden vernichtet.

Nach wie vor ist die Rolle von Beate Zschäpe – die Dritte im Bunde – nicht aufgedeckt. Sie schweigt seit Jahren und verhöhnt damit die Angehörigen der Mordopfer. Böhnhardt und Mundlos hatten ihre Opfer erschossen, fotografiert und in einem Zeichentrickfilm mit ihren Taten geprahlt. Deutschland schuldet also sechs Jahre nach der Selbstenttarnung des NSU immer noch die von der Bundeskanzlerin versprochene lückenlose Aufklärung. Die Betroffenen und ihre Verteidiger sind sich sicher, dass es sich nicht um Einzeltäter handelt, sondern um ein rechtsradikales Netzwerk, das seine Wurzeln in Deutschland hat. Und genau das beschäftigt Deutschtürken stark: Morde oder Brandanschläge könnten sich jederzeit wiederholen, so ihre Befürchtung.

Der Rechtsanwalt Mehmet Daimagüler vertritt die Nebenklage im NSU-Prozess. Seine erste Mandantin war durch Daimagülers Buch *Kein schönes Land in dieser Zeit,* worin er die deutsche Integrationspolitik thematisiert, auf ihn aufmerksam geworden. »Sie hatte das Gefühl, dass ich ein Anwalt bin, der ohne viele Worte verstehen würde, was in ihr und ihrer Familie vorgeht. Weil ich glaube, dass diese Menschen lang genug allein gelassen wurden … Und dann auch ich sie allein gelassen hatte.

Und dass auch ich einer der Bürger war, die damals weggeschaut haben«, erzählte er in einem Interview mit dem Deutschlandradio am 31. August 2015. Daimagüler sprach einen wichtigen Punkt an. Die Akademiker unter den Deutschtürken, die sogenannten Integrierten, legten mehrfach eine unsolidarische Gleichgültigkeit an den Tag, die offenkundigen Ungerechtigkeiten führten nicht zu einem erkennbaren Engagement.

Doch auch Daimagüler musste erfahren, dass es wohl in diesem Land nicht ausreicht, die Sprache perfekt zu sprechen oder ein erfahrener Jurist zu sein, auch ihm schlug vielfach Hass entgegen. Rechtsradikale hetzten gegen ihn. »Kauf dir einen Strick. Tu es für Deutschland«, war ihre Parole, berichtete der Jurist weiter. Die islam- und türkenfeindliche Stimmung ist eine feste Konstante in Deutschland.

Dass die Ermittlungsbehörden jahrelang den Rechtsterror des NSU nicht erkannten oder erkennen wollten, verdeutlicht der Prozess in München nahezu täglich. Die andere Seite ist das Versagen der Medien. Die Berichterstattung über die Mordserie war anfänglich diffamierend und einseitig. Angehörige kamen kaum zu Wort, es wurde nicht hinterfragt, stattdessen wurden Klischees über Migranten verbreitet. Es war von einer »Mauer des Schweigens« die Rede, von »schwer durchdringbaren Parallelwelten« bezüglich der Opfer und ihrer Angehörigen. Für die Deutschtürken verfestigt sich das Bild, in der NSU-Mordserie von der deutschen Mehrheitsgesellschaft im Stich gelassen worden zu sein.

Die erste Generation der Einwanderer, die als Arbeitsmigranten für ein besseres Leben nach Deutschland kamen, wurde von der Tageszeitung *Hürriyet* vertreten. Sie war über vierzig Jahre lang ihr wichtigstes Sprachrohr. So initiierte sie etwa Kampagnen gegen die Bundesregierung, um auf die »zunehmenden Gewalttaten gegen Wohnhäuser von Ausländern« aufmerksam zu machen. Anfangs gerügt für ihre aufwieglerischen Artikel, die das Zusammenleben von Deutschen und Türken vermeintlich behinderten, wurde sie jedoch später für ihre Integrationsbemühungen ausgezeichnet. Die 1948 gegründete Zeitung *Hürriyet* (»Freiheit«) hatte sich gewandelt, hatte sogar deutschsprachige Seiten eingeführt, war zu einer Kraft geworden, die die Deutschtürken dazu ermunterte, die Sprache zu lernen oder eine Ausbildung zu machen. Während aber der Zeitung das Geld fehlte, um sich eine Europa-Ausgabe leisten zu können, schlüpfte ab 2013 die regierungsnahe *Sabah* in die Rolle des »Anwalts« der Türken in Deutschland. Einen großen Erfolg konnte die türkische Tageszeitung mit ihrer Beschwerde beim Bundesverfassungsgericht in Karlsruhe erzielen. Als sie keinen Presseplatz beim NSU-Prozess bekam, klagte sie dagegen und erhielt in Teilen recht. Seitdem berichtet das Blatt regelmäßig über den Prozess, mal mehr, mal weniger objektiv. Seit einigen Jahren, und insbesondere nach dem Putschversuch, wird immer deutlicher, dass auch der lange Arm Erdoğans bis nach Mörfelden-Walldorf reicht. Hier, im Hessischen, hat die Europa-Redaktion der *Sabah* ihren Sitz.

Nun ist eine neue Generation herangewachsen, eine der Blogger und Betreiber von deutsch-türkischen Netzzeitungen – auch sie inzwischen mehrheitlich Erdoğan-Anhänger. Geleitet durch seine Facebook-Botschaften sowie durch die türkischen Fernsehsender, die über Satellit in Deutschland empfangen werden können und die mehrheitlich Erdoğans Meinung widerspiegeln, sind sie die neuen Meinungsmacher. Sie nehmen die Nachrichten aus der Heimat begierig auf und teilen sie millionenfach über Facebook und Twitter mit anderen. Zumeist hierzulande geboren und perfekt in beiden Sprachen, haben sie eine Art »Abwehrzentrum für Desinformation« in den sozialen Netzwerken geschaffen, mit dem Ziel, die antitürkische »Lügenpresse« in Deutschland zu demaskieren. Der Türkenhass, sagen sie, sei inzwischen »Mainstream«, Reibung, Spannung und Drama zu produzieren, sei normal geworden. Nicht wenige glauben, die Welt habe sich gegen die Türken verschworen, alles, was in der Türkei passiere, sei ein Komplott.

Diese Mischung aus Verschwörungstheorien und Opferhaltung setzt nationale Emotionen frei. Die Deutschen haben keinen Respekt vor unserem Land und unserem Präsidenten, schreiben sie. Auf Facebook-Seiten, die sich »Wir haben Erdoğan«, »Wir Türken sind überall« oder »Stolz der Türkei – R. T. Erdoğan« nennen, lassen sie ihren Ärger über Deutschland freien Lauf. Sie nehmen die massiven medialen Angriffe auf die Politik der Türkei auch als Angriff auf die eigene Person wahr. Es fällt ihnen immer schwerer, genauer zu differenzieren. Einer meint, in Deutschland gebe es keine Meinungs- und Religionsfreiheit, ein anderer bezeichnet den Journalisten Can Dündar als »einen verurteilten Spion«, der in Deutschland Unterschlupf gefunden habe. Wieder ein anderer ruft dazu auf, Gülen-Anhänger in ihren »Höhlen« aufzustöbern. Dass der türkische Präsident einst mit Gülen eng kooperierte, interessiert da nicht mehr. Auch eine »gut funktionierende Ehe könne einmal in die Brüche gehen«, schreibt etwa ein türkischer Blogger rechtfertigend.

In den sozialen Netzwerken vermischen sich Nationalismus, Islamismus und Osmanismus mit Forderungen nach der Einführung der Todesstrafe zu einer gefährlichen Allianz. Diese Deutschtürken haben den Boden des deutschen Grundgesetzes verlassen. Seit der Kurdenkonflikt wieder aufgeflammt ist und die PKK Anschläge in der Türkei verübt, sind die Anmerkungen aggressiver geworden – es sind Ansätze zur Radikalisierung. Dass innenpolitische Konflikte nach Deutschland hineingetragen werden, wird auch dem Teil der Deutschtürken, der sehr wohl zwischen Meinungsfreiheit und gefährlichem Populismus unterscheiden kann, schaden.

# 3
# Erdoğans »neue Türkei« –
# Die Symbiose von Islam und
# Nationalismus

Atatürk, der Vater der modernen türkischen Republik, war niemals unumstritten. Noch heute diskutieren die Verwalter seines Erbes die Vor- und Nachteile seiner revolutionären Reformen. Für die einen ist er fast schon ein »Gott«, der sie an die westliche Zivilisation herangeführt hat, für die anderen ist er jemand, der ihnen ihre Kultur, ihre islamische Identität geraubt hat und dabei fast diktatorisch vorgegangen war.

Seine Kulturrevolution, diese Überstülpung des westlichen Modells auf die türkisch-osmanische Gesellschaft, kann mit Recht als eine »Tabula-rasa-Politik« bezeichnet werden. Im Eiltempo versuchte Atatürk alle Hindernisse auf dem Weg zur Modernisierung zu beseitigen. Türkische Frauen erhielten schon 1934 das aktive und passive Wahlrecht, sie wurden in jeder Hinsicht gleichgestellt mit den Männern, sodass sie öffentlich wahrgenommen wurden. Das verhalf den Türkinnen zu neuem Selbstbewusstsein. So gelangten bereits 1935 die ersten 18 Türkinnen ins Parlament. Ohne den Gründer der modernen Türkei wäre das Land heute kein NATO-Mitglied und kein EU-Beitrittskandidat.

Nach Atatürks Ideologie sollten die muslimischen Türken quasi über Nacht europäisch denken, mit lateinischen Buchstaben schreiben und sich europäisch kleiden. Wer sich verschleierte und die neuen Bekleidungsvorschriften nicht einhielt, dem drohten harte Sanktionen vonseiten des Staates.

Schon Mitte des 19. Jahrhunderts war das Osmanische Reich

so sehr ins Hintertreffen geraten, dass türkische Modernisten sich darum bemühten, den Islam zu reformieren und die in ihrer Entwicklung zurückgebliebene Gesellschaft in einer fortschrittlichen und nach der westlichen Zivilisation ausgerichteten Weise umzugestalten. Es standen sich damals zwei Kulturen gegenüber: die westlich-europäische, die die Errungenschaften von Wissenschaft und Technik betonte, und die nichtwestliche, vorindustrielle, die dem Islam eine vorherrschende Rolle in der Gesellschaft zuwies. Doch erst die türkische Republik zog mit der Verankerung des Laizismus in der Verfassung die Konsequenzen – sie löste sich vom Diktat des Islam, der mit Rückschritt in Verbindung gebracht wurde. Mit der Säkularisierung von Staat, Religion, Gesetzen, Erziehung und Wirtschaft, die mit der Berufung auf das westliche Zivilisationsmodell durchgesetzt wurde, nahm die Türkei Abschied von der göttlichen Legitimation des Staates und seiner theokratischen Grundlage. Sultanat und Kalifat wurden abgeschafft, stattdessen setzte man auf das Türkentum im Nationalstaat. Mit dem darin verankerten Laizismus wurde die Religion zur Privatsache erklärt.

Bislang hatte der Islam nicht nur alle Lebensbereiche der Muslime geregelt, sondern war auch die Basis einer sozialen Identität. Schwer vorstellbar, dass eine abstrakte abendländische Zivilisationsidee das metaphysische Bedürfnis eines islamischen Volkes überhaupt befriedigen konnte. Die Entfremdung von der eigenen Kultur, die Gefahr des Identitätsverlusts schienen kaum vermeidbar.

Atatürks Säkularisierungsmodell war zudem so radikal, dass sich sogar bei den grundsätzlichen Systembefürwortern langsam Widerstand formierte. So war es nach seiner Ära unausweichlich, die starren Richtlinien zu lockern. Es war die Republikanische Volkspartei selbst, die CHP, die Veränderungen im neuen Staat vornahm. So wurde bereits 1947 der staatliche Religionsunterricht genehmigt, Kurse für Priester und Prediger wurden gestattet und auch die Pilgerfahrten nach Mekka wieder erlaubt. Zwei Jahre später durften die religiösen Imam-Hatip-Schulen wieder ihre Tore öffnen. Infolgedessen nahm ab diesem Zeitpunkt die Zahl der religiösen Einrichtungen erheblich zu. Und der Gebetsruf, der bis dahin in türkischer Sprache erfolgen musste, ertönte bereits 1951 erneut in arabischer Sprache.

Der Laizismus in der Türkei und damit der Konflikt zwischen Islam und Kemalismus begleiteten den türkischen Staat über Jahrzehnte und sind auch noch nach über neunzig Jahren türkischer Republik nicht ausgetragen. Die Krise hat sich mit der Machtübernahme der islamisch-konservativen AKP weiter zugespitzt, denn immer offener fordert sie den laizistischen Staat heraus, auch wenn es bisher noch nicht zu dessen vollständiger Abschaffung gekommen ist.

Doch die Ängste aufseiten der westlich orientierten Kräfte sind durchaus vorhanden, dass mit einer Rückbesinnung auf das osmanische Erbe der politische Islam die Oberhand gewinnen könnte. Mit Sorge betrachten Oppositionelle das allmähliche Entstehen einer »neuen Türkei«, eine türkische Version eines islamisch geprägten Staates mit autoritärer Tendenz. Eine Synthese von Ost und West schreckt die säkularen Kräfte ab, mehr noch, viele von ihnen fühlen sich ausgegrenzt. Dabei war es früher genau umgekehrt gewesen: Jahrzehntelang hatten Kemalisten fromme Türken vom Zugang zur Macht ausgeschlossen, obwohl sie die Mehrheit der Wähler stellten.

Für linientreue Kemalisten war das Kopftuch lange das Reizthema Nummer eins – es ging um den Grundsatz, die Republik gegen die Islamisten zu verteidigen. Eine Lockerung des Kopftuchverbots würde die religiösen Kreise ermutigen, so die damalige Meinung, sie würden das Kopftuch für ihre politischen Ziele instrumentalisieren.

Wenn gläubige Frauen früher studieren wollten, dann bitte ohne »Türban«, wie die Türken das Kopftuch nennen. Denn das

Tragen des Kopftuchs war in der Universität strikt verboten. Die Religion gebietet den Frauen, die Haare zu bedecken – und der Staat hinderte sie daran. Sicherheitskräfte vor dem Eingang der Universität überwachten das Kopftuchverbot. Es spielten sich oftmals absurde Situationen ab. Studentinnen widersetzten sich den Regeln, manche setzten Perücken auf. Zehntausende Studentinnen mit Kopftuch wurden letztlich zum Verlassen der Universität gezwungen. Tausende durften nicht arbeiten – hoch qualifizierte Frauen, denen die Bürgerrechte vorenthalten wurden. Die Mutigen unter ihnen nahmen sich einen Anwalt und verklagten den Staat, meist ohne Ergebnis. Dabei war in der Öffentlichkeit der Islam überall sichtbar. Einige Studentinnen gingen ins Ausland, nach Ungarn oder in die USA, weil sie dort mit Kopftuch studieren durften. Die Studiengebühren zahlten islamische Organisationen. Das ausländische Diplom wurde jedoch vielfach nicht in der Türkei anerkannt.

Merve Kavakçı war für muslimische Frauen so etwas wie eine Pionierin. Sie war die erste Abgeordnete mit Kopftuch, die das türkische Parlament betrat. Das war im Mai 1999 und kam, aus der Sicht der Kemalisten, einer »Entweihung« dieser höchsten Institution des Staates gleich. Die Abgeordneten, die den Laizismus hochhielten, buhten Kavakçı aus und riefen in Sprechchören »raus, raus«. Ordner bedrängten sie, das Parlament zu verlassen, und das geschah unter tumultartigen Szenen. Der damalige Ministerpräsident Bülent Ecevit versuchte diese Reaktion zu rechtfertigen. Im Parlament gebe es Regeln und Bekleidungsvorschriften, aber ansonsten würde sich der Staat nicht in die Privatsphäre der Frauen einmischen. Außerhalb des Parlaments seien sie frei, anzuziehen, was sie wollten.

Erst der Wahlsieg der AKP 2002 leitete die Wende ein. Nie wieder dürfen Frauen wegen ihrer Religiosität diskriminiert werden, das hatte die Partei ihren Wählern versprochen. Es war ein schleichender Prozess, an dessen Ende all die Befürchtungen der Kemalisten wahr wurden, seitdem musste die säkulare Elite viele Tabubrüche hinnehmen.

Es begann 2010 mit der Aufhebung des Kopfbuchverbots an den Universitäten, dann folgten die Behörden, schließlich die Schulen. Türkische Schülerinnen dürfen nun ab der fünften Klasse ein Kopftuch tragen. Erdoğan begründete das so: »Das Verbot, das zahlreichen Eltern junger Menschen viel Leid verursacht hat, ist aufgehoben. Eine dunkle Epoche ist vorüber.« Und Regierungssprecher Bülent Arınç bekräftigte: »Die Kinder gehören nicht dem Staat, sondern den Familien.« Es stehe den Schülerinnen frei, ein Kopftuch zu tragen, gezwungen werde niemand dazu.

Zuletzt war es sogar Richterinnen und Polizistinnen erlaubt, ihre Haare zu bedecken. Es kam zwar zu Protesten gegen die Gesetzesänderungen, doch gegen die absolute Mehrheit der AKP im Parlament kam die Opposition nicht an.

Was früher in der Türkei verboten war, ist nun gesellschaftsfähig. Eine selbstbewusste Klasse hat sich etabliert, sie repräsentiert nun das Land. Das Bild der »neuen Türkei« ist auch äußerlich gut zu erkennen – an den Kopftüchern. Die »First Lady« Emine Erdoğan trägt es, Hayrünnisa Gül, die Gattin des Ex-Präsidenten, Sare Davutoğlu, die Frau des früheren Ministerpräsidenten, sowie Semiha Yıldırım, die Ehefrau des jetzigen Ministerpräsidenten. Sie tragen es voller Stolz, fest und kompakt um Kopf und Hals gebunden, sodass kein einziges Haar oder gar ein Dekolleté zu sehen ist.

Umfragen zeigen, dass die meisten Türken nichts gegen den Quadratmeter Stoff haben. Jede Frau soll frei entscheiden dürfen, ob sie ein Kopftuch aufsetzt oder nicht. Im Klartext heißt das: Die Religion soll Privatsache bleiben.

Die regierende AKP hat diese Frage aber längst politisiert. Erdoğans zunehmend selbstbewussteres Auftreten, die aggressive Rhetorik gehen mit der Angst all derer einher, die ihre bisherigen

Freiheiten bedroht sehen. Mit Wehmut denken sie an die alte Zeit zurück, als die Trennung von Staat und Religion für immer festgelegt schien, das westlich-europäische Erbe von Mustafa Kemal Atatürk quasi Gesetz war. Vorbei war die Zeit, in der es für Frauen verboten war, sich zu verhüllen und seine religiöse Gesinnung offen zur Schau zu tragen. Vorbei war auch, dass eine Frau – Tansu Çiller – mit westlicher Eleganz und einer Ausbildung in den USA Ministerpräsidentin in der Türkei werden konnte (von 1993 bis 1996) und damit ein Vorbild für die gesamte islamische Welt.

Die jetzige Regierungspartei lebt ihren Triumph aus. Der Einzug Erdoğans in den Präsidentenpalast mitsamt kopftuchtragender Ehefrau ist für die AKP-Anhänger eine späte Wiedergutmachung. 1998 durfte sich die Frau des früheren Präsidenten, Hayrünnisa Gül, wegen eines Fotos, auf dem sie mit Kopftuch zu sehen war, nicht an der Universität einschreiben. Sie klagte in der Türkei vergeblich dagegen, und zog dann vor den Europäischen Gerichtshof für Menschenrechte. Ungefähr zur selben Zeit wurde Sare Davutoğlu, damals Medizinstudentin, nicht zu Prüfungen zugelassen. Weil sie ihr Kopftuch nicht abnehmen wollte, wurde sie schließlich exmatrikuliert.

Selbstverständlich sitzen im Parlament heute die ersten frommen Frauen. Einige werben bewusst für den islamischen Weg, behaupten, dass sie nach einer Pilgerfahrt nach Mekka, einer Hadsch, beschlossen hätten, sich nunmehr gottgefällig die Haare zu bedecken. Das werten Kemalisten als gezielten Tabubruch, vor allem aber als eine Machtdemonstration des islamisch-konservativen Lagers. Die Regierung weist das natürlich strikt von sich, sie sagt: Die neue Entwicklung sei ein Zeichen wahrer Demokratie, nun würden auch religiöse Freiheiten respektiert. Jetzt erst sei die Türkei auf dem Weg zur Normalität.

Eine Normalität, vor der sich allerdings die politischen Gegner fürchten. Sie fragen sich, wohin dieser Weg führen wird. Die

Burka im Parlament und an den Universitäten? Nur noch islamische Schulen? Geschlechtertrennung überall im Land? Wird lau-
tes Lachen von Frauen offiziell für unschicklich erklärt, wie es
einst der AKP-Politiker Bülent Arınç angeregt hatte? Die Türkei
strebt zurzeit keinen zweiten Iran an; die Scharia, eine islamische Verfassung, stand bisher nicht auf der politischen Agenda.
Bisher unvorstellbar ist die Erhebung des Korans zum Grundgesetz, Frauen werden in der Türkei weiterhin Auto fahren. Äußerungen von Präsident Erdoğan sorgen allerdings immer wieder
für Irritationen: »Eine Frau ohne Kopftuch ähnele einem Haus
ohne Vorhang.«

Ohne Zweifel prallen hier zwei Welten aufeinander. Dabei ist
ganz klar, welches Frauenbild die AKP-Regierung präferiert,
auch bei der Besetzung des Kabinetts. In ihm gibt es nur eine
einzige Frau – die Familienministerin. Selbstverständlich trägt
auch sie Kopftuch, und die AKP-Regierung lobt die Berufung
einer Frau als Fortschritt in der Gleichberechtigung. Muslimische Frauen seien endlich sichtbar geworden.

Die türkische Schriftstellerin Elif Shafak macht sich Sorgen,
dass die Türkei sich von einer liberalen und pluralistischen Demokratie vollständig abwenden könnte. Auch sie hatte anfänglich die Politik Erdoğans unterstützt. »Als in der Türkei Studentinnen nicht an die Universität durften, weil sie das Kopftuch
trugen, habe ich das sehr kritisch gesehen. In patriarchalischen,
konservativen Gesellschaften ist es oft die einzige Möglichkeit
für Frauen, in die Öffentlichkeit zu kommen. Für mich ist es
wichtiger, dass sie zur Universität gehen, dass sie lesen und lernen«, sagte sie der *Neuen Zürcher Zeitung* am 18. September
2016.

Sie fände es aber falsch, wenn nun auch Kinder »gezwungen
werden, ihre Köpfe zu bedecken«. Nach dem achtzehnten Le-
bensjahr sei es eine persönliche Entscheidung, das Kopftuch zu
tragen. Die Türkei sei schon immer ein patriarchalisches, sexis-

tisches und homophobes Land gewesen, doch jetzt geschehe eine systematische Stigmatisierung der Frauen unter der AKP-Regierung. Dafür spreche, so Shafak, dass Erdoğan Frauen, die die Mutterschaft verweigern, als »unvollkommen« und »unzulänglich« bezeichne. Sie erlebe nun allerorten ein Klima der Einschüchterung. Die AKP-Regierung setze Paare unter Druck, die unverheiratet zusammenleben, indem sie vorgibt, dies sei gegen »türkische Werte«, und sie fordere »ihr Volk« dazu auf, junge unverheiratete Paare auszuspähen und den Behörden zu melden. Patriarchalische Denkmuster stünden jetzt viel mehr im Vordergrund. Männer würden fortwährend über die Körper, die Kleidung von Frauen diskutieren. »Ich habe noch nie gehört, dass eine türkische Politikerin den Männern erklärt, wie sie sich kleiden müssen oder ob sie einen Schnurrbart tragen dürfen oder nicht. In der Frage der Frauenrechte hat es einen Rückschritt gegeben. Häusliche Gewalt nimmt zu, der Anstieg bei Morden an Frauen ist alarmierend. Wir müssen darüber reden. Wir müssen mehr Frauen in die Öffentlichkeit bringen, ob mit Kopftuch oder Minirock.«

In der Tat: Frauenorganisationen beklagen die steigende Gewalt an Frauen. Allein zwischen 2010 und 2015 wurden, wie die Tageszeitung *Hürriyet* berichtete, 1134 Morde an Frauen begangen. Vornehmlich waren es die Ehemänner oder Ex-Ehemänner – mehr als die Hälfte –, weil sich die Frauen scheiden lassen wollten. Unmittelbar nach dem Amtsantritt der islamisch-konservativen Regierung gab es viele positive Ansätze zum Schutz von Frauen. Doch gegen die alltägliche Gewalt konnte sie wenig ausrichten, zumal sich traditionelle Muster in den Köpfen der türkischen Männer verfestigt haben. Denn weiterhin glauben sie an ihr Gewohnheitsrecht, dass Frauen sich in der Ehe unterwerfen sollten und dass zur Rettung der männlichen Ehre Schläge ein legitimes Mittel seien. Es ist schwer, das jahrhundertealte islamisch-traditionelle Rollen- und Familienbild aufzubrechen.

Doch finden Frauen zumindest in den Städten die Kraft, häusliche Gewalt anzuzeigen oder sich von ihren Männern zu trennen. Dass ihre Männer, gekränkt in ihrem Stolz, sich an ihnen rächen, zeigt aber, dass im Land die religiöse Moral, Ehre und Sittsamkeit zunehmend an Bedeutung gewinnen und dass die AKP-Regierung, nicht zuletzt aus Machtkalkül, diese Werte permanent betont.

Auch wenn es in der Türkei keine organisierten »Tugendwächter« wie in der islamischen Republik Iran gibt, ist unübersehbar, dass die Religion inzwischen zu einer moralischen Instanz erhoben wurde. Vor allem die persönlichen Freiheiten der westlich orientierten Frauen gehen nach und nach verloren. Fest steht, dass die türkische Regierung ihre eigene traditionelle Klientel im Auge hat, abweichende Lebensmodelle verachtet sie.

Oppositionelle Zeitungen berichten über solche Entwicklungen, etwa über den Fall einer Frau, der ins Gesicht getreten wurde, weil sie statt sittsamer Kleidung Shorts trug. Oder über einen »Ehe- und Familienratgeber«, der in der türkischen Stadt Kütahya an Frischvermählte verteilt wurde. Die »gut gemeinten« Ratschläge zeichnen ein Frauenbild, das nicht in das 21. Jahrhundert zu passen scheint. Es sei die oberste Pflicht von Ehefrauen, zu gehorchen, sonst drohten Schläge. Und sollten sie den Ehemann verärgert haben, dann sei es besser zu schweigen und sich sofort zu entschuldigen. Auf keinen Fall sei es Frauen erlaubt, einer Arbeit nachzugehen. Denn das würde ihre sexuellen Pflichten gegenüber dem Mann beeinträchtigen. Die Verantwortung für die Broschüre mit derart frauenfeindlichen Ratschlägen trägt der Bürgermeister der Stadt. Er gehört der islamisch-konservativen AKP an.

In der Türkei hat die schleichende Islamisierung nach der Regierungsübernahme durch Erdoğans AKP die säkulare Gesellschaft stark verändert. So ist dort die Zahl der Frauen, die ein Kopftuch tragen, erheblich angestiegen. Und der Wunsch nach einem selbstbestimmten Leben ist eher gesunken. Erdoğans Kritiker fürchten, dass das Prinzip des Republikgründers Atatürk, »Die Türkei ist ein laizistischer, demokratischer Rechtsstaat«, bald nur noch Vergangenheit sein könnte. Schon 1998 hatte er die Islamisierung im Plan, sagen sie, in seinem viel zitierten islamischen Gedicht, heißt es:

*Die Demokratie ist nur der Zug,*
*auf den wir aufsteigen, bis wir am Ziel sind.*
*Die Minarette sind unsere Bajonette,*
*die Kuppeln unsere Helme,*
*die Moscheen sind unsere Kasernen*
*und die Gläubigen unsere Soldaten.*
*Diese göttliche Armee wacht über meine Religion.*

Dafür musste Erdoğan für vier Monate ins Gefängnis. Seine Ansichten haben sich nicht geändert. Sein Gedicht trug er 2015 erneut öffentlich vor. Normalerweise würden solche Aussagen in der Türkei einen Aufschrei auslösen, aber normal ist hier gar nichts mehr. »Seit Erdoğan die politische Bühne betreten hat, scheint ihm Allah gewogen zu sein«, schrieb der türkische Journalist Can Dündar am 30. August 2016 in der *Zeit*. »Als der Westen auf einen gemäßigten Islam hoffte, kam Erdoğan. Er bestieg in westlicher Kleidung den Zug der Demokratie, und als der Westen ihm die Freundschaft aufzukündigen drohte, half ihm die Flüchtlingskrise. Bundeskanzlerin Angela Merkel und viele andere Staatsoberhäupter sahen über seine autokratische Art des Regierens hinweg … Der Präsident ist aus dem Demokratie-Zug ausgestiegen. Aber wir Türken sitzen noch drin, nur leider ohne Zugführer.«

Nachdem er keine Rücksicht mehr nehmen muss, tritt Erdoğans »islamische Agenda« verstärkt zum Vorschein. Als ihn Angela Merkel am 2. Februar 2017 in Ankara besuchte, gab es

Unterricht in »Terrorismuskunde«. In der gemeinsamen Presse-
konferenz benutzte sie den Begriff »islamistischer Terror«, den
beide Länder gemeinsam bekämpfen müssten. Erdoğan unter-
brach die Kanzlerin mit belehrenden Worten: »Der Begriff ›islamistischer Terror‹ betrübt uns Muslime auf eine ernsthafte Art
und Weise. Solch ein Begriff darf nicht verwendet werden, das
ist falsch. Islam und Terror haben nichts miteinander zu tun. Die
Bedeutung von ›Islam‹ ist Friede.«

Nach dem Putschversuch und dem Ausnahmezustand, die das
Regieren mit Notstandsdekreten ermöglichen, muss Erdoğan
auf niemanden mehr Rücksicht nehmen, so Dündar. Der gescheiterte Putsch sei in der Tat ein »Gottesgeschenk« gewesen,
»er ebne der türkischen Politik den Weg in die Moschee«.

Besonders betroffen ist dabei das Schulsystem. Tausende
Lehrer wurden bereits vom Dienst suspendiert, viele wurden
zwangsversetzt. Es ginge darum, so die oppositionelle Bildungs-
gewerkschaft Eğitim Sen, AKP-kritische Lehrer durch loyale
Kollegen zu ersetzen.

Jetzt kann Erdoğan sein Ziel einer »islamischen Generation«
verwirklichen. So rechtfertigte er sich: »Sollen wir etwa eine
atheistische Jugend heranziehen?« Sein Lieblingsprojekt sind
die religiösen Imam-Hatip-Schulen, deren Zahl sich seit einigen
Jahren explosionsartig vermehrt hat. Der türkische Präsident
selbst ist als Kind auf eine solche Imam-Hatip-Schule gegangen.
Hier sind mehrere Stunden täglich religiösen Fächern gewidmet,
vor allem aber sind sämtliche Lehrer religiös geprägt, und Lehrerinnen und Schülerinnen tragen selbstverständlich Kopftuch.
Die Schulen galten lange Zeit als eine wichtige Säule bei der
Trennung von Staat und Religion. Jetzt scheint Widerstand
zwecklos.

Vorstöße dieser Art bestärken die Auffassung in der AKP, dass
für die Türkei in Zukunft eine islamische Verfassung nötig sei.
Der türkische Parlamentspräsident Ismail Kahraman hatte sie

kürzlich unmissverständlich gefordert. Erstmals hatte Kahraman öffentlich gesagt, was Säkulare seit Langem befürchten.

Der türkische Journalist Levent Gültekin macht sich ernsthafte Sorgen um die Zukunft der jungen Generation. Im Internetblog »Diken« schreibt er, dass die Türkei innerhalb der europäischen Länder in den Fächern Physik, Mathematik, Chemie, Literatur sowie bei den Fremdsprachen weit abgeschlagen die hinteren Plätze belegen würde. Er zweifelt daran, dass sein Land mit diesem »neuen Bildungssystem« Anschluss an die moderne Welt finden werde. Er fragt: »Gibt es ein einziges Land, das mit Religiosität in der Erziehung Fortschritte in der Gesellschaft erzielt hat?«

Die politischen Verschiebungen in der Türkei haben Deutschland erreicht. Die meisten Türken in Deutschland waren als überzeugte Atatürk-Anhänger gekommen. Heute vertrauen sie ohne Zweifel Erdoğan. Seinen Anhängern präsentiert er sich erfolgreich als Anwalt der unterdrückten Muslime, denn der Islam sei ein Teil ihrer kulturellen Identität. Doch die Religion ist keineswegs die alleinige Triebfeder seines Erfolgs. Er hat es geschafft, Islam und Nationalismus miteinander zu verknüpfen, wobei dem Nationalismus eine wichtige Rolle zufällt.

Die moderne Türkei entstand aus der Idee des Nationalismus nach dem Untergang des Osmanischen Reichs. Seitdem brachte der Kemalismus, die Ideologie des Gründervaters Kemal Atatürk, Generationen hervor, die die Nation verehren. Das war ein Teil der Erziehung von der Kindheit bis ins Erwachsenenalter. Dass die Türken die »Assimilation« ablehnen, ist auch Ausdruck dieser nationalen Gesinnung, die als selbstverständlich gilt. Pragmatisch und machtorientiert, nutzt die Regierungspartei AKP, die aus einer islamistischen Bewegung hervorgegangen ist, diese nationale Gesinnung, die sich in den Köpfen der Tür-

ken festgesetzt hat. Die Beschwörung der Einheit des türkischen
Volks ist seit einigen Jahren in Erdoğans Reden beherrschendes
Thema: Die Türken hätten sich zum zweiten Mal gegen feindli-
che Mächte gestellt, einmal im Befreiungskampf im letzten
Jahrhundert und jetzt, als sie den Putsch von 2016 niederschlu-
gen. Auch nach den jüngsten Terroranschlägen in der Türkei
verwies er auf die »Stärke der Nation«, sprach von einem neuen
»Unabhängigkeitskrieg«. Er beruft sich auf das »Türkentum«,
auf den seit über 94 Jahren durch Atatürks Kemalismus verankerten Nationalismus, der die Souveränität des türkischen Staates über alles stellt.

Die Wahlwerbespots der AKP, die ebenso bei den Erdoğan-
Anhängern in Deutschland erfolgreich sind, unterstützen diesen
»neuen« Nationalismus. In einem dieser mit dramatischer Musik untermalten Videos wird ein Fahnenmast von einem »Fins-
terling« zerstört. Die überdimensionale türkische Fahne droht zu
fallen. Aus dem Off ertönt Erdoğans donnernde Stimme, er zitiert den türkischen Befreiungsmarsch: »Überlasst eure Heimat
nicht diesen Niederträchtigen, werft euch dazwischen, wider-
setzt euch!« Die Menschen lassen daraufhin alles stehen und
liegen, überqueren Berge und Täler oder schwimmen gar durch
den Bosporus. Das Volk – jung und alt – strömt aus allen Landes-
teilen auf den Fahnenmast zu. Dort angekommen, wird schnell
eine menschliche Pyramide gebaut und die Fahne damit vor dem
Absturz gerettet. Die Botschaft ist klar: Die politischen Gegner
greifen nicht nur Erdoğan an, sie bedrohen die ganze Nation. So
ist seine politische Agenda perfekt auf nationalkonservative
Türken ausgerichtet, ebenso auf jene, die in Deutschland leben.
Es ist eine Botschaft aus Unabhängigkeit, Gottgefälligkeit und
Stärke. Mit anderen Worten: Der Neo-Osmanismus verheißt historische Größe in der Zukunft.

## Die Angst vor dem Islam

Das Erstarken des traditionellen Islam stellt das Einwanderungsland Deutschland vor neue Herausforderungen. Dies betrifft die Deutschtürken, aber auch die mehrheitlich muslimischen Flüchtlinge, die inzwischen hier leben. Sie bringen aus Nordafrika, Afghanistan und Syrien ein deutlich strengeres Religionsverständnis nach Deutschland als einst die »Gastarbeiter«.

Jahrzehntelang hat sich der in Damaskus geborene Islamwissenschaftler Bassam Tibi mit dem Thema Religion und Migration beschäftigt. Er hatte sich für eine Brücke zwischen europäischen Gesellschaften und islamischen Migranten eingesetzt. Diese Verbindung nannte er »Euro-Islam«. Er glaubte, dass der Islam vom Kontinent Europa aus reformiert werden könnte. Inzwischen hat er sich aber von seinem eigenen Ansatz verabschiedet. »2015 sind mehr als anderthalb Millionen Flüchtlinge aus der Welt des Islam, überwiegend aus meiner Heimat Syrien, nach Europa gekommen, unter denen ich keine einzige europäisch gekleidete Frau gesehen habe. Ich sehe bärtige Islamisten und Frauen in islamistischer Uniform und resigniere«, schreibt er am 26. Mai 2016 in dem politischen Magazin *Cicero*.

Das Kopftuch ist seiner Meinung nach das größte Hindernis, ein Ausdruck grundsätzlicher Rückständigkeit. »Die doppelte Funktion des Kopftuchs besteht darin, einerseits eine Scharia-Weltanschauung zum Ausdruck zu bringen und andererseits eine ausdrückliche zivilisatorische Abgrenzung gegenüber allem, was als westlich-europäisch-säkular gilt«, so Tibi. Weder im Koran noch in der Überlieferung des Propheten werde ein Kopftuch als religiöse Pflicht vorgeschrieben. Das beweise, dass es primär politisch motiviert sei. Er gibt zu: Der »Kopftuch-Islam« habe über die Integration gesiegt, er müsse kapitulieren. Dafür macht er auch die Islamverbände in Deutschland verantwortlich. Sie vertreten aus seiner Sicht ein starres Islamver-

ständnis, es gelte für den Zentralrat der Muslime genauso wie
für die DITIB, die türkisch-islamische Anstalt für Religion. Sie
hätten kein Interesse an einem europäischen Islam.

Doch nur 15 bis 20 Prozent der vier Millionen Muslime in
Deutschland sind überhaupt in islamischen Verbänden organisiert, die Mehrheit lebt einen relativ individuellen Islam. Es gibt
Deutschtürken, die an Allah glauben, in weitestem Sinne gottes-
fürchtig sind, aber nicht beten. Andere erfüllen die Gebote des
Islam nicht besonders dogmatisch, fasten vielleicht, beten aber
nicht fünfmal am Tag, sondern nur an besonderen islamischen
Feiertagen. Und eine weitere Gruppe betrachtet die Religion als
etwas Spirituelles, als Privatsache. Es ist also unstrittig ein reli-
giöser Pluralismus vorhanden, der nur in der neuen Heimat, in
Deutschland, entstehen konnte. In der Türkei würde der gesellschaftliche Druck diese Individualität im Umgang mit der Religion verhindern.

Im Unterschied zum Christentum besitzt der Islam kein insti-
tutionelles Oberhaupt. So sind es tatsächlich die islamischen
Verbände, die als Ansprechpartner des Staates eine wichtige
Rolle einnehmen müssten. Ihnen sollte die Aufgabe zufallen,
den Islam an europäische Grundwerte heranzuführen und zu reformieren. Das funktioniert zurzeit offenkundig nicht.

Nach dem Putschversuch und den anschließenden »Säuberungen« in der Türkei, aber vor allem nachdem sich islamische
Geistliche für Spitzeldienste gegenüber den eigenen Gemeinde-
mitgliedern hergegeben hatten, wuchsen die Zweifel in den
Bundesländern, ob DITIB noch ein neutraler Partner sein könne.
Der Islamunterricht an deutschen Schulen in deutscher Sprache
wird mit dem Verband ausgehandelt, und der hatte sich ja von
Präsident Erdoğan vereinnahmen lassen. Das war kein einmali-
ger Ausrutscher, und auch nach der Armenien-Resolution ließ
der Verband Neutralität vermissen. Jetzt wollen die Bundesländer prüfen, wie stark die Abhängigkeit von Ankara tatsächlich

ist, ob der Einfluss von Erdoğan über DITIB bis in die deutschen Klassenzimmer reicht.

Der islamische Verband beteuerte, dass er als Partner der Politik verlässlich sei, schon bedingt durch die enge Zusammenarbeit mit der Deutschen Islam Konferenz (DIK), die einen Dialog zwischen dem deutschen Staat und den in Deutschland lebenden Muslimen darstellt. Doch von vollständiger »Unabhängigkeit« kann kaum die Rede sein. Die sogenannten Religionsräte in den einzelnen Bundesländern verfassen die Predigten für die Moscheen in Deutschland. In den Räten sitzen die Imame und der Religionsattaché des jeweiligen Generalkonsulats, der auch die Aufsicht über die Imame hat. Ankara kann also über die Konsulate direkt Einfluss auf religiöse Inhalte nehmen. Das ist gängige Praxis seit der Gründung von DITIB in den Achtzigerjahren, wurde also lange vor der AKP-Regierung eingeführt. Allerdings fuhren die vorherigen Regierungen einen strikten säkularen Kurs, sodass eine Einmischung der Politik in die religiösen Angelegenheiten nicht vorkam. Seit 2010 wird an mehreren deutschen Universitäten der Studiengang »Islamische Theologie« angeboten, angehende Imame werden in deutscher Sprache ausgebildet. Dieser neue Ansatz dürfte den direkten Einfluss der Regierung in Ankara eindämmen.

DITIB wird nun deutlich machen müssen, dass sie zur klaren Trennung von Religion und Staat steht. Das entspricht auch der Forderung der Bundesländer. Die einen lassen Gutachten erstellen, andere setzten die Gespräche mit DITIB aus oder beschlossen, aus den Verhandlungen über einen Staatsvertrag mit dem islamischen Verband auszusteigen. Dieser Vertrag regelt die Rechte und Pflichten der Muslime in der deutschen Gesellschaft, somit auch die gemeinsamen Werte. Es geht dabei um den Islamunterricht, um die Anerkennung von muslimischen Feiertagen, um das Recht an islamischen Bestattungsriten oder die Seelsorge in Krankenhäusern oder Gefängnissen.

Für die deutsche Gesellschaft wäre es riskant, den Kontakt zu den islamischen Verbänden völlig abreißen zu lassen. Die hiesigen Muslime sollten weiterhin den Dialog mit dem deutschen Staat pflegen. Der Ratsvorsitzende der Evangelischen Kirche in Deutschland (EKD), Heinrich Bedford-Strohm, forderte sogar einen »flächendeckenden Islamunterricht« an deutschen Schulen. Das sei die beste Möglichkeit, junge Muslime immun zu machen gegen die Versuchungen von Fundamentalisten, sagte er der Regionalzeitung *Heilbronner Stimme*. Junge muslimische Schüler müssten die Möglichkeit erhalten, sich kritisch mit der Tradition ihrer Religion auseinanderzusetzen. »Sie können zugleich Neues über den Islam lernen – und das auf dem Boden des Grundgesetzes.« Dafür wünsche er sich, »dass die Muslime in Deutschland sich so aufstellen, dass es klare Ansprechpartner für den Staat gibt«. Die staatliche Kooperation stützt sich zurzeit auf die Mitarbeit der gut organisierten Verbände, die aber nicht die Mehrheit der Muslime in Deutschland repräsentieren. So sollten auch unabhängige Privatpersonen – Pädagogen, Soziologen und Psychologen – verstärkt einbezogen werden, um die Lebenswirklichkeit der zweiten und dritten Generation der Einwanderer einzubringen.

Die religiöse Unterweisung muslimischer Kinder darf aber nicht radikalen Gruppen überlassen werden, wie früher dem »Kalifatstaat«. Diese Gruppierung galt bis in die Neunzigerjahre als größte Islamisten-Bewegung in Deutschland. Anführer war Metin Kaplan, der »Kalif von Köln«. Lange Zeit hatten er und sein Vater Cemaleddin Kaplan mit ihren radikalen Ansichten das politische Klima in Deutschland vergiftet und Muslime in dubiosen »Moscheevereinen« indoktriniert. Die Organisation »Kalifatstaat« wurde 2001 verboten und drei Jahre später der Hassprediger Kaplan in die Türkei ausgeliefert. Dort wurde er zu lebenslanger Haft verurteilt.

Seit den Anfangszeiten der Einwanderung, als Islamunterricht mehrheitlich in Hinterhofmoscheen stattfand, hat sich viel verändert, zumindest hat sich der deutsche Staat als wachsamer erwiesen. Und durch den islamistischen Terror wird der Umgang mit dem Islam noch wichtiger.

Die Mehrheitsgesellschaft in Deutschland befürchtet, dass die Türken ihre religiöse Zugehörigkeit stärker betonen. Die neueste repräsentative Studie der Universität Münster über »Integration und Religion aus der Sicht von Türkeistämmigen in Deutschland« aus dem Jahr 2016 wirkt wie eine Bestätigung dieser Ängste. Demnach halten 47 Prozent der türkischstämmigen Befragten die islamischen Gebote für wichtiger als die Gesetze in Deutschland. 36 Prozent sagten außerdem: Nur der Islam sei in der Lage, »die Probleme unserer Zeit zu lösen«. 23 Prozent vertraten die Meinung, Muslime sollten es vermeiden, dem anderen Geschlecht die Hand zu schütteln.

Das sind in der Tat beunruhigende Aussagen, die man früher eher selten hörte. Deutsche Medien schürten daraufhin eine gewisse Panik. Die Parteizeitung der CSU, der *Bayernkurier,* zog das Resümee: »Die Integration bei einem großen Teil der Deutschtürken ist nicht nur gescheitert, sie wird wohl auch niemals stattfinden.« Dass sich 51 Prozent der Türken als »Bürger zweiter Klasse« empfinden, unabhängig davon, »wie sehr sie sich anstrengten« – auch das ein Ergebnis dieser Studie –, war jedoch kein Thema für den *Bayernkurier.*

Der Religionssoziologe Detlef Pollack, der die Untersuchung an der Uni Münster geleitet hat, wertet die Antworten der Befragten anders und nicht unbedingt als eine Radikalisierung. Die Aussagen zum Islam, so Pollack, seien eine Solidarisierung mit den traditionelleren Eltern, aber auch eine Art Ventil, sich von der Mehrheitsgesellschaft abzusetzen und die »Andersartigkeit« hervorzuheben. Alles doch nicht so schlimm?

Die für die Integration zuständige Staatsministerin Aydan Özoğuz sagte dem Magazin *Focus,* sie habe das Gefühl, dass hier etwas vorweggenommen wurde. Es würde der Eindruck vermittelt, als lebten Millionen radikaler Moslems in Deutschland. Die Wirklichkeit sehe anders aus. Bürger mit einer Einwanderungsgeschichte seien friedliebende Nachbarn. Als türkischstämmige Politikerin wisse sie auch, wie diese verstörenden Aussagen entstehen: »Wenn Menschen an den Rand gedrängt werden, suchen sie sich Ersatz. Manche Jüngere verhalten sich auch aus Trotz so, wie es ihnen ohnehin zugeschrieben wird.«

Das Psychogramm, das Aydan Özoğuz entwirft, spiegelt tatsächlich die Befindlichkeit eines Großteils der Deutschtürken wider. Haben diese Menschen zudem noch den Eindruck, dass ihre Kultur, ihre Traditionen abgewertet werden, veranlasst es sie, jetzt erst recht daran festzuhalten. Sie flüchten sich in identitätsstiftende Merkmale, allen voran in die Religion. »Egal, was ich mache, ich werde sowieso in der Gesellschaft nicht ankommen, weil ich Muslim bin«, so beschreibt es Ahmet Toprak in seinem Milieubericht *Integrationsunwillige Muslime?* Der Pädagogikprofessor an der Fachhochschule Dortmund, der viel über Jugendarbeit geforscht hat, meint sogar, Jugendliche gefielen sich in dieser Opferrolle. Mit der möglichen Konsequenz, dass diese Haltung in Gewalt umschlagen könnte. Denn auch Türken, die einen jahrzehntelangen Säkularisierungsprozess hinter sich haben, sind nicht gänzlich immun gegen jegliche Art von islamistischer Indoktrination. »Wir sollten darauf achten, diese Gruppen mitzunehmen, sonst besteht die Gefahr, dass sie sich radikalisieren«, so Toprak.

Und diese Radikalisierung droht nicht nur den Hardlinern unter den Jugendlichen und Erwachsenen, auch ursprünglich Nicht-Religiöse besinnen sich plötzlich ihrer Wurzeln, ja, überhöhen sogar ihre Religion – und ein fataler Kreislauf kommt in Gang. Die Suche nach Respekt und Anerkennung wird vom türkischen Präsidenten bedient, nicht vom deutschen Präsidenten

oder der deutschen Öffentlichkeit. So wird ein Teil der Deutschtürken regelrecht in die Arme von Erdoğan getrieben.

Politisch motivierte Bewertungen haben aber Folgen. Obwohl
die zweite und die dritte Generation erheblich besser integriert
sind als die erste, konzentrieren sich die politischen und medialen Diskussionen zunehmend auf deren »gescheiterte Integration«. Und mehr noch: Es ist vor allem eine verstärkte »Islamisierung der Integrationsdebatte« zu beobachten. Viele Türken
erleben immer häufiger, dass sie nicht als Deutschtürke oder
Deutscher wahrgenommen werden, sondern als Muslim. Sie
müssen, vor allem in den sozialen Medien, Angriffe zu ihrem
Glauben hinnehmen, etwa den Vorwurf, sie seien allesamt »Terroristen«.

Bei alldem ist die Aggressionsschwelle stark gesunken.
Rechtspopulisten warnen vor Überfremdung und einer Übermacht der Muslime. So gab es noch nie so viele rechtsmotivierte
Anschläge auf Moscheen wie im Jahr 2016. Insgesamt waren es
91 Straftaten, darunter der Sprengstoffanschlag in Dresden kurz
vor dem Tag der Deutschen Einheit. Es war einem glücklichen
Zufall zu verdanken, dass der türkische Geistliche und seine Familie nur mit dem Schrecken davonkamen. Der zehnjährige
Sohn des Imams sagte: »Sie wollten uns töten« – diese Aussage
des Jungen drückt viel über die aufgeheizte Stimmung im Land
aus. Auch die Zahl der Anschläge auf Flüchtlingsheime nimmt
in nie gekanntem Maße zu.

Völkisch-rassistische Äußerungen sind im Blog »Politically
Incorrect« (PI) üblich geworden. Das internationale Netz von
Islamhassern in Deutschland, angeführt von Karl-Michael
Merkle, besser bekannt als »Michael Mannheimer«, bringt tagtäglich propagandistische Botschaften. Für den Blogger sind
türkische Journalisten, die er in einer Art »schwarzen Liste« na-
mentlich nennt, »islamische Schreiberlinge, die uns Deutschen
die Meinung diktieren«. Die Überfremdung Deutschlands sei

schon bis in die Redaktionsstuben vorgedrungen, die komplette
Invasion Deutschlands stünde kurz bevor, schreibt er.

Diese Netz-Gruppierungen wachsen schnell, weil islamfeind-
liche Überzeugungen inzwischen in der Mitte der Gesellschaft
angekommen sind. Es sind keineswegs nur die Zukurzgekom-
menen, die »Verlierer« in der Gesellschaft, die derartige Meinungen vertreten. Die Wahlerfolge der AfD sind ein weiterer
Beleg. In ihrem Grundsatzprogramm lehnt die Partei das Mina-
rett und den Muezzinruf als Herrschaftssymbole des Islam ab.
Sie zielten darauf ab, den deutschen Staat zu unterjochen. Das
impliziert, dass Deutschland mit seiner wehrhaften Demokratie
nicht in der Lage sei, sich gegen die »Übermacht« der Muslime
zu verteidigen, seine »Schwäche« würde ausgenutzt.

Die islamistisch-terroristischen Anschläge der letzten Zeit haben die Position der Islamgegner gestärkt. Nach dem Anschlag
auf einen Weihnachtsmarkt in Berlin im Dezember 2016 mit
zwölf Toten verurteilten muslimische Gemeinden und Verbände
zwar umgehend die Tat. Damit distanzierten sie sich vom islamistischen Terror und von jenen, die den Islam für ihre Verbrechen missbrauchen. Solche Attacken, so erklärten sie, richten
sich gegen alle hier lebenden Menschen, also auch gegen friedliebende Muslime und gegen diejenigen, die sich nicht auf ihre
Religion reduzieren lassen.

Doch wenn Moscheevereine und Koranschulen den radikalen
Islam predigen, Salafisten rekrutieren und Muslime mit Hass-
botschaften radikalisieren, muss der Rechtsstaat eingreifen.
Auch die Mehrzahl der Migranten in Deutschland erwartet die
Einhaltung klarer Regeln. Pauschale Verurteilungen führen je-
doch nur dazu, dass sich Menschen von der deutschen Gesell-
schaft abwenden. In dieses Vakuum werden andere hineinstoßen.
Da ist es egal, ob es nun Erdoğan ist oder es sich um radikale
Salafisten handelt.

Die Entscheidung von Angela Merkel, im Spätsommer 2015 die Grenzen für Flüchtlinge aus dem Bürgerkriegsland Syrien zu öffnen, bestärkte die Islamgegner in ihren Befürchtungen. Seit dem massiven Anstieg der Flüchtlingszahlen verzeichneten islamkritische Organisationen erheblichen Zulauf. Sie forderten unter anderem ein Asylverbot für alle Muslime oder stellten fest, dass »Merkels Muslime« dabei seien, den Kontinent zu erobern. Diesmal stünden sie nicht vor den Toren Wiens, diesmal würden sie Deutschland von innen angreifen. Diese Empörung über die muslimischen Neuankömmlinge zielte natürlich auch auf Deutschtürken – die größte muslimische Gruppe im Land. Seitdem erwartet diese von der demokratischen Mehrheitsgesellschaft ein klares Bekenntnis. Der Eindruck, am rechten Rand Verfügungsmasse zu sein für die Mobilisierung der Wähler, um etwa der AfD Stimmen abzujagen, verhindert weitere Fortschritte bei der Integration. Für eine Einwanderungsgesellschaft, die auf das friedliche Zusammenleben von Deutschen und muslimischen Migranten angewiesen ist, kann die gegenwärtige Stimmung gefährlich werden.

Thilo Sarrazins Buch *Deutschland schafft sich ab* war 2010 für viele das richtige Ventil. Plötzlich hieß es überall: »Das wird man doch wohl noch sagen dürfen.« Sein Werk verkaufte sich 1,5 Millionen Mal, und Sarrazin wurde als Held der Meinungsfreiheit gefeiert, obwohl seine Thesen über Türken und Araber von rassistischen Äußerungen durchsetzt waren. Ihre Integrationsunfähigkeit habe nicht nur mit ihrer islamischen Kultur zu tun, sondern sei »genetisch« bedingt, und weil sie als Muslime sich stärker vermehrten, wären sie auch schuld an der wachsenden Verdummung in Deutschland, so Sarrazin. Diese Theorie der angeblich unterschiedlich intelligenten Ethnien wird immer wieder präsentiert, belegt wurde sie nie.

Sarrazins damalige Aussagen in zahlreichen Interviews könnten auch von der AfD stammen: »Ich möchte nicht, dass das

Land meiner Enkel und Urenkel zu großen Teilen muslimisch
ist, dass dort über weite Strecken Türkisch und Arabisch gesprochen wird, die Frauen ein Kopftuch tragen und der Tagesrhyth-
mus vom Ruf der Muezzine bestimmt wird. Wenn ich das erleben will, kann ich eine Urlaubsreise ins Morgenland buchen.«
Geballte Verachtung schlug den Betroffenen entgegen: »Ich
muss niemanden anerkennen, der vom Staat lebt, diesen Staat
ablehnt, für die Ausbildung seiner Kinder nicht vernünftig sorgt
und ständig neue kleine Kopftuchmädchen produziert. Das gilt
für 70 Prozent der türkischen und 90 Prozent der arabischen Bevölkerung in Berlin.«

Das Buch traf die Deutschtürken heftig. Ein früherer Berliner
Finanzsenator und Mitglied der SPD erlaubte sich Urteile über
ihr Erbgut. Erneut wurde ihnen klar, dass sie von vielen – auch
aus der Mitte der Gesellschaft – als unerwünschte Fremde gesehen wurden. Selbst wenn sie einer geregelten Arbeit nachgingen
und ihre Familie ernährten, stets standen sie im Fokus der Kritik.
Nach Ansicht von Thilo Sarrazin hatten sie keine »produktive
Funktion«, außer für den Obst- und Gemüsehandel.

Hilflos mussten die Deutschtürken – speziell diejenigen, die
sich eigentlich für integriert hielten – erleben, wie sie erneut
zum Politikum wurden. »Die« Türken wurden zu Integrations-
verweigerern, vor allem aber wurden sie nur noch über ihre Religion definiert. Gerade Letzteres trug zu einer Verstärkung der
Identifikation mit dem Islam bei.

In einer Fachkonferenz zum »Islambild in Deutschland« im
Jahr 2008 stellte Bundesinnenminister Wolfgang Schäuble fest:
»Es gibt ein weit verbreitetes Misstrauen gegenüber dem Islam,
wonach er immer stärker mit Fundamentalismus gleichgesetzt
und Muslimen pauschal eine sich aus ihrer Religion ableitende
Gewalttätigkeit und Ungleichbehandlung von Mann und Frau
nachgesagt wird.« Mehr und mehr scheine in Deutschland, aber
auch in der westlichen Staatengemeinschaft, die Sichtweise zu

dominieren, der Islam passe nicht in unsere westliche Welt. Die Mehrheit der Personen in Deutschland, die aus muslimisch geprägten Ländern stammten, seien Ausgrenzungen und einem pauschalen Verdacht ausgesetzt, durch den sie sich diskriminiert fühlten.

Schäuble hatte erkannt, dass diese breiter werdende Kluft für die Integrationspolitik ein zentrales Problem darstellte. Parallel zum Integrationsgipfel der Kanzlerin hatte er zwei Jahre zuvor, 2006, die Deutsche Islam Konferenz ins Leben gerufen, die bis heute den Dialog zwischen Staat und Muslimen in Deutschland aufrechterhält. Es war und ist ein ständiger Lernprozess für beide Seiten, der sich bewährt hat. So war man in der DIK übereingekommen, dass die Berichterstattung in den Medien zum Islam einem vorurteilsfreien und differenzierten Ethos folgen solle. Alle Teilnehmer waren sich einig, dass der Gewaltaspekt überproportional fokussiert sei. Schäuble warb für eine Berichterstattung, »die stärker alltagsnahe Themen zum islamischen Leben in Deutschland aufbereite«. Nicht zuletzt sollte die kulturelle Vielfalt muslimischen Lebens so dargestellt werden, dass sie »zu unserer Kultur als Ganzes beiträgt«.

Es gab aber auch Reibungen, Frust und Missverständnisse. Schon 2006, zum Auftakt der Islam Konferenz, sagte Schäuble: »Der Islam ist ein Teil Deutschlands« und löste damit, noch vor der »Der Islam gehört zu Deutschland«-Aussage des späteren Bundespräsidenten Christian Wulff im Jahr 2010, eine Debatte aus. Die Frage, ob das wirklich so ist, sorgt regelmäßig für Verstimmung. Auf der Suche nach einer für alle akzeptablen Definition gab es seitdem mehrere Variationen. Für die einen gehört der Islam zu Deutschland, für die anderen sind die Muslime lediglich ein Teil Deutschlands. Den türkischen Muslimen würde sicher letztere Formulierung genügen.

Das umständliche Ringen um den Wortlaut der Definition belegt, dass die deutsche Gesellschaft den Türken im Land noch

keinen Platz in der Gesellschaft zugewiesen hat. Bei manchen
herrscht sogar die Auffassung, dass der Islam in Europa generell
abgewehrt werden müsse, genauso wie er damals bei der Bela-
gerung Wiens 1683 durch den verantwortlichen Feldherrn Prinz
Eugen von Savoyen abgewehrt worden war. Dieses Trauma vor
dem drohenden Verlust des christlichen Abendlands ist anscheinend immer noch vorhanden, eine tief verwurzelte Abneigung
und Angst, die ihren Ursprung in der Geschichte hat.

Schäubles unbedachte Bewertung stieß übrigens bei dem
CSU-Politiker Hans-Peter Friedrich – ab 2011 der dritte Nachfolger im Amt des Bundesinnenministers – auf scharfe Kritik.
Kaum in der Islam-Konferenz angekommen, verärgerte er seine
Gesprächspartner mit der Neubewertung, der Islam habe nie zu
Deutschland gehört. Die muslimischen Mitglieder der DIK
empfanden das als pauschale Abwehrhaltung, und als der Innenminister auch noch ankündigte, Sicherheitsfragen zum Schwer-
punkt zu machen, kam es zum Eklat. Verbände und nicht organisierte muslimische Mitglieder der Konferenz schrieben einen
Protestbrief, in dem sie die Vermischung von Religion und An-
ti-Terror-Maßnahmen kritisierten.

## Falsch verstandene Ehre

Ein Einwanderungsland mit verschiedenen Kulturen und Reli-
gionen ist niemals frei von ernsten Konflikten. Güner Yasemin
Balcı, Journalistin und Fernsehredakteurin, beschreibt in ihrem
Buch *Aliyahs Flucht oder Die gefährliche Reise in ein neues
Leben* die beklemmende Atmosphäre einer »geschlossenen Gesellschaft«. Sie hat in Berlin-Neukölln ihre Kindheit und Jugend
verbracht und dort in Jugendeinrichtungen gearbeitet. Das Vier-

tel hat sich zwar inzwischen zum gefragten Szenekiez gemausert, doch die Autorin kennt auch seine Schattenseiten. »Frauen gelten als Besitz der Familie, ihre Jungfräulichkeit ist Allgemeingut, das jeder bewachen darf, es steht für die Ehre einer Sippe«, schreibt sie. Und sie beklagt »dieses konservativ-muslimische Frauenbild, das Frauen den Männern unterordnet und ihren Körper dermaßen sexualisiert, dass nur noch züchtige Kleidung, ein keusches Kopftuch, ein stark eingeschränkter Bewegungsradius, ein gesenkter Blick und ständige Kontrolle sie angeblich davor bewahren können, an der nächsten Ecke vom erstbesten Mann flachgelegt zu werden – es ist ein zerstörerisches, krankes Frauenbild«.

Güner Yasemin Balcı beobachtet scharf, erzählt mit Präzision und bitterer Ironie: von Machos und Tugendwächtern, von Töchtern, die den ständigen Verkupplungsversuchen der Mütter und Tanten ausgesetzt sind. Davon, wie der Druck im Viertel die jungen Männer zu Schlägern werden lässt, und von hilflosen Eltern, die aus Angst, ihre Ehre zu verlieren, zu Unterdrückern werden.

Vielen Migranten mögen diese Geschichten in der einen oder anderen Ausprägung bekannt vorkommen. Es sind Schilderungen, die auch eine lähmende Fassungslosigkeit hervorrufen können. Die Autorin will den Teufelskreis von Tradition und Religion nicht hinnehmen und geht hart ins Gericht mit all jenen, die sich abgrenzen, sich nicht an die deutschen Lebensregeln halten. Wie also umgehen mit diesen Tugendwächtern, die Machos erziehen oder ihre Töchter mit ständigen Verheiratungsversuchen drangsalieren? Und vor allem: Was tun mit den Jugendlichen, die mit diesem zweifelhaften Ehrbegriff aufwachsen?

Die damit verbundenen Probleme dürfen nicht geleugnet oder verharmlost werden, schon gar nicht unter dem Deckmantel einer falsch verstandenen »Toleranz« – das fordert der arabisch-israelische Psychologe Ahmad Mansour in seinem Buch *Genera-*

*tion Allah* und in unzähligen Interviews. Die Politik müsse endlich Verantwortung übernehmen und klare Regeln aufstellen, so
Mansour. Das bedeute, dass es nicht hingenommen werden
kann, »wenn Eltern ihre Kinder am Freitag vom Schulunterricht
befreien lassen, um in die Moschee zu gehen, auch der Schwimmunterricht oder Klassenfahrten dürfen nicht zur Disposition stehen«. Oft stehen Lehrer und Lehrerinnen diesen Forderungen
hilflos gegenüber. Sie benötigen Unterstützung, um mit Inhalten
wie »Tabuisierung von Sexualität, Angstpädagogik, Opfer- und
Feindbilder, ja sogar antisemitische Einstellungen« besser umgehen zu können.

Es ist vor allem der falsch verstandene Ehrbegriff, mit dem
Pädagogen und Sozialarbeiter zu kämpfen haben. Der Druck
kommt aus der Community, aber vor allem von den Eltern. Sie
kennen es nicht anders, sind selbst in patriarchalischen Strukturen aufgewachsen und wollen die Familie in der Fremde zusam-
menhalten. Sie fühlen sich sicherer, wenn die Hierarchien klar
sind. Von klein auf hören ihre Kinder, »dies sei die Ordnung, die
Allah gefällt«, so Mansour. Ein selbstbestimmtes Leben ist da
nicht möglich. Wer die Regeln bricht, wird aus der Gemeinschaft ausgeschlossen. Selbst Jugendliche der dritten Generation
wuchsen »in einem Korsett aus Tabus, Gehorsam und Bestra-
fung« auf.

Ahmad Mansour und seine Mitstreiter arbeiten daran, Rollen-
bilder aufzubrechen, speziell das Geschlechterbild. In ihrem
Projekt »Heroes« setzen sie auf junge Männer, die aus liberalen
türkischen Familien stammen und die für diese Aufgabe extra
geschult wurden. In Workshops, etwa in Schulen und Jugendeinrichtungen, diskutieren sie mit Schülern über Tabuthemen, die
sie belasten: Unterdrückung im Namen der Ehre oder den gleich-
berechtigten Umgang zwischen Mann und Frau. Sie wollen auf
diese Weise das Zusammenleben in einer freien, offenen Gesellschaft vermitteln. Doch oft erlebt Mansour, dass die jungen

Migranten, wenn sie in Konflikt mit ihrer Kultur geraten, eine defensive Einstellung einnehmen und sich mit den Worten »Bei uns ist das so« aus der Affäre ziehen. Auch wenn diese Workshops bislang nicht alle Jugendlichen erreichen, so stoßen sie zumindest eine längst fällige Debatte an.

Haben aber all diese Missstände tatsächlich ihren Ursprung im Islam? Für den Psychologen Mansour, der in einem arabisch-muslimischen Dorf in Israel aufgewachsen ist und der selbst den Islamismus erlebt hat, lautet die Antwort mit gewissen Einschränkungen: Es hat mit dem Islamverständnis mancher Menschen zu tun, wobei sich dieses aus den oben genannten Gründen immer weiter ausbreitet. Die Religion sei insgesamt wichtiger geworden – nicht nur bei Muslimen. Jugendliche bekämen durch die Religion klare Werte vermittelt, Orientierung und Halt, ein einfaches Weltbild, das sie leicht verstehen könnten.

## Religionsfreiheit contra Grundgesetz?

Ob nun Kindergarten, Schule oder Arbeitsplatz – die Streitfälle im Alltag nehmen zu, weil Muslime auf Religionsfreiheit bestehen, die mit den Vorstellungen der Mehrheitsgesellschaft kollidieren. Vermehrt müssen nun Gerichte eine Klärung herbeiführen. So hat das Bundesverfassungsgericht Ende 2016 geurteilt, dass muslimische Schülerinnen grundsätzlich am Schwimmunterricht teilnehmen müssen. Das Gericht begründete dies damit, »dass in der Schule keine Form der Geschlechtertrennung simuliert werden könne, die der gesellschaftlichen Realität im Alltag längst nicht mehr entspricht«. Kurz gesagt: Eine Muslimin muss es ertragen, dass sie in ihrer Umgebung auf das männliche Ge-

schlecht trifft. Um ihren religiösen Bekleidungsvorschriften gerecht zu werden, könnte sie einen Burkini, einen Ganzkörperba-
deanzug, tragen.

Ein weiterer Fall aus der Schweiz beschäftigte den Europäischen Gerichtshof für Menschenrechte in Straßburg. Auch hier
ging es um den Schwimmunterricht. Ein strenggläubiger türkischer Vater aus Basel hatte sich trotz der Androhung hoher Buß-
gelder geweigert, seine beiden Töchter zum Schwimmunterricht
zu schicken, an dem auch Jungen teilnahmen. Die Straßburger
Richter setzten im Januar 2017 einen Schlusspunkt unter diesen
jahrelangen Rechtsstreit: Die Töchter müssen den obligatori-
schen Schwimmunterricht besuchen, denn die Teilnahme verlet-
ze nicht die Religionsfreiheit, die der Vater bemüht hatte. Und
auch hier kam man dem Kläger mit dem Tragen des Burkini weit
entgegen. Muslimische »Sonderwünsche« wurden jedoch abgelehnt, die Interessen der beiden Mädchen standen beim Urteil im
Vordergrund. Sie sollen am Schulunterricht teilnehmen, gemeinsam mit ihren Klassenkameraden, das Schwimmen erlernen und
sich nicht selbst ausgrenzen.

Von einigen wird das als Vermittlungsversuch, von anderen
als »Kuschelkurs« gewertet, als ein Einknicken gegenüber den
allzu forsch vorgetragenen Begehrlichkeiten der Muslime, die
diese gerichtlichen Auseinandersetzungen auch nutzen, um die
Grenzen des Rechtsstaats auszutesten.

Zu Konflikten führt auch das Tragen des Kopftuchs, das von
rund einem Drittel aller Musliminnen in Deutschland aufgesetzt
wird. Über kein Kleidungsstück wird so viel gestritten wie über
dieses Stück Stoff. Doch so drastisch wie von der türkischstämmigen Frauenrechtlerin Necla Kelek hört man die Kritik selten:
»Eine Frau, die Kopftuch tragen will, flaggt für eine islamistische Partei ... Seit 1979 wissen wir, was das Tragen eines Kopftuchs bedeutet. Als die islamistische Revolution im Iran begann,
mussten die Frauen sich verschleiern. Das ist immer das Erste,

was die Islamisten tun«, warnte sie schon 2006 in einem *Spiegel*-Interview.

Mit ihren Thesen eckte Necla Kelek vor allem im islamisch-konservativen Milieu an, bei denen, die nichts dabei finden, wenn ihre Mütter oder Tanten Kopftücher tragen. Dass Frauen mit Kopftüchern allesamt für eine islamistische Partei werben wollen, geht sehr weit. Viele leben einfach ihre Tradition. Diese Gruppe verteidigte sich: Das Kopftuch sei doch ein Teil ihrer Kleidung, es sei ihre persönliche Freiheit. Obwohl sich islamische Gelehrte bis zum heutigen Tag über die Interpretation der entsprechenden Koransuren streiten und darüber, ob der Koran das Kopftuch überhaupt vorschreibe, hat es sich als Zeichen der »Sittlichkeit« und der Zugehörigkeit zum Islam durchgesetzt.

In einem bemerkenswerten Fall entschied das Bundesverfassungsgericht 2016, dass eine muslimische Erzieherin es in der Kita tragen dürfe, denn davon ginge »kein unzulässiger werbender oder missionierender Effekt aus«. Das islamische Kopftuch sei in Deutschland vielmehr üblich und »spiegelt sich im gesellschaftlichen Alltag vielfach wider«, so die Karlsruher Richter. Schon im März 2015 hatte man das pauschale Kopftuchverbot von 2003 für Lehrerinnen revidiert. Damals hatten mehrere Bundesländer Verbote eingeführt und Kopftücher aus den Klassenzimmern verbannt. Der Staat darf das Tragen von Kopftüchern nur noch dann verbieten, so entschied das Gericht 2015, wenn konkrete Gründe vorliegen, etwa eine Gefahr für die weltanschauliche Neutralität oder das friedliche Zusammenleben.

Fereshta Ludin, eine afghanische Lehrerin, war die erste Frau, die Ende der Neunzigerjahre die Kopftuchdebatte anstieß und damit 2003 bis nach Karlsruhe ging, weil man es ihr nicht gestattet hatte, mit Kopftuch zu unterrichten. Damals stand die Angst im Raum, sie könnte im Klassenzimmer für den Islam missionieren. Doch 2015 urteilten die Karlsruher Richter, man könne das Kopftuch nicht grundsätzlich zum politischen Symbol erklären und hoben die vorherigen Entscheidungen der Verwaltungsgerichte auf.

Es gab Stimmen, die das als einen »guten Tag für die Religionsfreiheit«, ja sogar als einen »Meilenstein der Integration« bewerteten. Das waren die »Kulturrelativisten«, vor denen Kritiker wie der Psychologe Ahmad Mansour immer warnt. Das Urteil falle der Integration und der Emanzipation junger muslimischer Frauen in den Rücken, argumentierten sie. Schon jetzt habe der Druck auf die jungen Frauen durch ihre Familien und die muslimische Community stark zugenommen, um ihnen ihre Selbstständigkeit zu verwehren. In absehbarer Zeit würden Kopftücher das Bild bestimmen. Die Ansprüche der frommen Muslime gehen ihnen viel zu weit. Auch fürchten sie die »institutionelle Islamisierung« der deutschen Gesellschaft und dass der Islam im öffentlichen Raum immer mehr Gewicht erhält.

Hat der deutsche Rechtsstaat am Ende vor den Forderungen der Muslime kapituliert? Manche sehen es in der Tat als Unterwerfungsgeste, als Preisgabe unserer Werte. Das Urteil erschwere sogar den Kampf gegen den religiösen Fundamentalismus, das Entgegenkommen werde am Ende als Schwäche des Staates ausgelegt.

Diese Gefahr ist durchaus gegeben. Für Fundamentalisten zählt nur der Verkündungsauftrag des Propheten Mohammed und seine universalen Lehren, die für alle Lebensbereiche des Menschen gelten. Für sie ist eine Trennung zwischen Islam und politischem Islam nicht möglich. Jede Abweichung ist daher auch die Abkehr vom richtigen Glauben.

Urteile, die einen liberalen Umgang mit dem Kopftuch in die Wege leiten, irritieren daher das säkulare Milieu, Deutsche wie Türken. Mit den weitaus religiöseren Flüchtlingen aus dem arabischen Raum scheint das Kopftuch inzwischen Teil des deutschen Straßenbilds geworden zu sein, während die Türkinnen mit Kopftuch in der Vergangenheit einer klaren Ablehnung ausgesetzt waren. Hat sich die deutsche Gesellschaft inzwischen an diese Art von Verhüllung gewöhnt, oder ist das der Preis für Religionsfreiheit?

Im Alltag ist die Frage nach einer angemessenen Reaktion schwer zu beantworten, beispielsweise wenn muslimische Patriarchen in Schulen deutschen Lehrerinnen den Handschlag verwehren und ihren Töchtern die Klassenfahrten verweigern. Auf zahlreiche Probleme hat die Politik noch keine eindeutigen Antworten vorgegeben, Gerichte, Lehrer, Schulleiter und Uni-Präsidenten müssen mit den Grenzfällen umgehen.

Anfang 2016 demonstrierten an der Technischen Universität in Berlin muslimische Studenten, weil man ihren Gebetsraum – eine Turnhalle – geschlossen hatte. Zuletzt war die Zahl der Betenden drastisch angewachsen, weil auch regelmäßig Muslime, sogar Imame von außerhalb dazugekommen waren. Die Halle war zur Moschee umfunktioniert worden, und so zog der Uni-Präsident Christian Thomsen die Reißleine. »Die Neutralität und der Grundsatz der Trennung von Staat und Kirche haben uns zu dem Entschluss geleitet, künftig unsere Räumlichkeiten für die aktive Religionsausübung, zu denen Gottesdienste, Messen oder Freitagsgebet gehören, nicht mehr zur Verfügung zu stellen«, hieß es in einem Infobrief der TU. Das wollten die demonstrierenden Studenten so nicht hinnehmen. Es ginge ihnen um die Religionsfreiheit, sagten sie, die ungestörte Ausübung ihres Glaubens. Forderungen dieser Art häufen sich, sogar von Schülern, die im Schulflur gen Mekka beten wollen. Unterstützt werden sie von religiösen Eiferern, die die Betroffenen anweisen und juristisch begleiten.

Die Ängste vor einer radikalen Veränderung der deutschen Mehrheitsgesellschaft nehmen zu. Die Forderungen, klare Grenzen zu ziehen und den politischen Islam mit allen Mitteln des Rechtsstaats zu bekämpfen, werden die Diskussionen der nächs-

ten Jahre begleiten. Zumal sich die Gesellschaft auch mit weitaus drastischeren Veränderungen auseinandersetzen muss als
nur mit Gebetsräumen oder dem Kopftuch: mit Nikap (Gesichts-
schleier) und Burka, die vereinzelt im deutschen Straßenbild zu
sehen sind. Die Burka-Trägerinnen aus den reichen Golfstaaten,
die als Touristinnen anreisen und mit ihren Einkäufen viel Geld
in Deutschland lassen, werden noch als interessante Bereicherung empfunden. Die komplette Verhüllung in Deutschland le-
bender Frauen wird allerdings abgelehnt.

Nikap und Burka hatten allerdings nie eine Tradition in der
Türkei. Zurzeit aber geraten die Türken als größte muslimische
Gruppe in Deutschland hinsichtlich ihrer Kultur und Religion,
verbunden mit der beständigen großen Empörung über Erdoğan,
immer wieder in eine Verteidigungshaltung. Hinzu kommt der
Einfluss der »neuen Türkei«, was zu einer Radikalisierung eines
Teils der Deutschtürken führen könnte. Eine Transformation
von Präsident Erdoğans islamisch gefärbter Politik auf die
Deutschtürken wird aber misslingen, wenn die Integration gelingt, sodass sie in ihrem Einwanderungsland sagen können:
»Ich bin Deutscher und Muslim.« Dies bedingt, dass sich ein
säkulares Glaubensverständnis bei den Deutschtürken durchsetzt.

# 4
# Die Deutschtürken –
# Zwischen Identitätssuche
# und Integration

Der türkische Rockmusiker Cem Karaca schrieb schon vor über dreißig Jahren ein Lied über die Integration, ein Thema, das immer noch sehr aktuell ist. Er floh 1979 aus seiner zunehmend autoritär geführten Heimat ins deutsche Exil, wo er bis 1987 lebte. In seiner Zeit in Deutschland komponierte er eine Vielzahl an Liedern in deutscher Sprache, darunter auch »Willkommen«, das sarkastisch aufzeigt, zu welchem Preis Integration gelingen kann:

*Komm, Türke – trinke deutsches Bier,*
*dann bist du auch willkommen hier.*
*Mit »Prost« wird Allah abserviert,*
*und du ein Stückchen integriert.*
*Ihr stinkt nach Knoblauch – lasst den weg,*
*esst Sauerkraut mit Schweinespeck.*
*Und wer statt Kinder Dackel dressiert,*
*der ist fast schon integriert.*
*Die Pluderhosen stören nur,*
*tragt Bein und Kopf – doch bitte pur.*
*Politisch seid nicht interessiert,*
*dann seid ihr endlich integriert.*
*Als Müllmann mögen wir euch schon,*
*steht hinten an – geht's um den Lohn,*
*steht vorn an, wenn man abserviert,*
*dann seid ihr überintegriert.*

Im Internet, so schreibt *Migazin,* sei »Willkommen« auch heute
wieder ein Hit. Der deutsch-türkischen Netz-Community gefalle
die trotzige und selbstbewusste Art, auf ihre Migrationsge-
schichte zu blicken. Offensichtlich geht es der jetzigen Generation auch um Ehre und Anerkennung der Leistung ihrer Eltern
und Großeltern.

Die ersten Türken waren Anfang der Sechzigerjahre nach
Deutschland gekommen, sie stammten hauptsächlich aus der
anatolischen Provinz. Man nahm nur die physisch Geeignetsten,
die Türken sollten widerstandsfähig und gesund sein. So prüften
deutsche Ärzte ihre Körperfunktionen, ihre Muskelkraft. Ent-
sprach jemand nicht den Anforderungen, wurde er aussortiert.

In der Fremde rückten diese »Gastarbeiter« zusammen, suchten Schutz in der Gemeinschaft und fanden Kraft auch in der
Religion. Ihr Leben bestand vor allem aus harter Arbeit. Sie rie-
ben sich auf, beklagten sich aber nicht. Sie waren doch nur
»Gäste«, die eines Tages in die Heimat zurückkehren würden.
Dass sie von oben herab behandelt wurden, fiel ihnen zwar auf,
doch wehren konnten und wollten sie sich nicht. Sie waren
dankbar, dass ihnen dieses Land eine Chance bot, die sie in ihrer
Heimat nie gehabt hätten. Es gab verbreitet den Wunsch, sich
integrieren zu wollen, nur gab es viele Hindernisse.

Eine Reportage aus dem Berlin der Siebzigerjahre zeigt, wie
überfordert die Deutschen mit ihren »Gastarbeitern« waren.
Selbst das »linke« Nachrichtenmagazin der *Spiegel* vermittelte
den Eindruck, mit den Einwanderern sei Schreckliches über
Deutschland eingebrochen. Unter der Überschrift »Die Türken
kommen – rette sich, wer kann« wurden Beobachtungen anein-
andergereiht. Aus allen Schilderungen sprach die Angst vor
Überfremdung – von einer Willkommenskultur keine Spur. »Die
Kneipe am Kottbusser Tor war mal echt Kreuzberg, Ecklage,
Berliner Kindl, Buletten, Sparverein im Hinterzimmer. Heute
rotiert am Buffet der Hammelspieß senkrecht, der Kaffee ist süß

und dickflüssig, aus der Musikbox leiert orientalischer Sing-
sang ... Im Toreingang Lausitzer Straße 50 hängen Briefkästen
von dreißig Mietern, deren Namen allesamt auf ›oglu‹, ›ek‹ und
›can‹ enden. In der Oranienstraße ... flanieren Frauen im Salvar,
der Pumphose ... und überall zeigen Türkenfahnen mit Stern
und Halbmond an, dass Kreuzberg hier ›Kleen-Smyrna‹ ist.«

Heute zählt Kreuzberg zu den gefragten, teureren Stadtteilen
Berlins, doch damals störte man sich an dem »Lärm der Zuge-
reisten, den fremden Bräuchen und dem Geruch von fremdarti-
gen Gewürzen«. Was einst als abstoßend empfunden wurde, gehört heute zum Lebensgefühl dieses multikulturellen Stadtteils.

1973 lebten fast eine Million Türken in der Bundesrepublik.
Man befürchtete, sie könnten bleiben und sich »redlich meh-
ren«. »Rund 5000 Alis und Selims unter 14 leben nach offiziel-
ler Zählung am Kreuzberg.« Schon jetzt gebe es Häuserzeilen,
wo nur noch jeder fünfte Anwohner Deutscher sei. »Wenn das so
weitergeht«, wird der damalige Bezirksbürgermeister im *Spiegel*-Artikel zitiert, »ersaufen wir einfach.« Denn 1,2 Millionen
Türken warteten noch zu Hause auf ihre Einreise nach Deutschland. Die Lösung sei, so wurde suggeriert, die Türken, die schon
in Deutschland waren, in ihre Heimat zurückzuschicken oder
zumindest in separaten Wohngebieten unterzubringen.

Eines fällt auf bei diesem verblüffend politisch inkorrekten
Bericht: Der Autor thematisierte mit keiner Silbe die Religion
der Türken – sie war wohl damals noch kein auffallendes Merk-
mal dieser Migranten. Erst später entwickelte sich die Rückbesinnung der Türken auf ihre kulturelle Identität, den Islam.

Die Jahre 2005 und 2006 kennzeichnen die Einschnitte der
deutschen Integrationspolitik. Es wurde der Bundesrepublik
zum ersten Mal bewusst, dass die Integration ein ungelöstes Problem war. Lange hatte man die nötigen Verpflichtungen gemie-
den, schließlich aber mit dem Zuwanderungsgesetz, mit Islam-
Konferenz und Integrationsgipfel die Nähe zu den Migranten-

verbänden gesucht. Auf einer Fachkonferenz 2008 mit dem
Thema »Islambild in Deutschland« fasste der damalige Innenminister Wolfgang Schäuble die Eckpunkte der Integration zusammen: »Integration bedeutet nicht Assimilation, also das voll-
ständige Aufgehen in der neuen Kultur, die ja selbst vielfältig
und dem Wandel unterworfen ist, unter Aufgabe der eigenen
Wurzeln. Integration bedeutet nicht die Negierung der eigenen
Herkunft, der eigenen Identität oder der eigenen Religion. Sie
hat vielmehr etwas mit einer positiven Akzeptanz der Lebensbe-
dingungen und Wertevorstellungen in der neuen Heimat zu tun.«

Es war die Zeit vor Sarrazin, Pegida und AfD, eine Zeit ohne
Islamdebatte, eine Zeit, in der sich auch Erdoğan noch liberal
und EU-freundlich gab. Begriffe wie »Leitkultur« bestimmten
damals ebenso wenig die Diskussionen, die Anpassungserwar-
tungen wurden vorsichtig umschrieben. »Eine freiheitliche und
pluralistische Gesellschaft bedarf eines Grundkonsenses, denn
die Vielfalt einer Gesellschaft ist nur dann eine Bereicherung,
solange sie nicht zu separierten Teilgesellschaften in einem Land
führt.« Schäubles bleibendes Verdienst ist es, einen Verfassungs-
konsens für Einwanderer eingeführt zu haben, ohne damit ein
Leugnen der Herkunft und der Religion zu verbinden. Dass sich
die türkischen Migranten zu einer Gemeinschaft zugehörig fühlen und ein gemeinsames Verständnis entwickeln sollten, wie
man in der Gesellschaft zusammenlebt – damit konnten sich
schon damals viele Türken identifizieren.

Dennoch galt 2006 für die CDU/CSU ein Denkverbot, eine
Art unpatriotische Tat: Deutschland durfte nicht als »Einwanderungsland« bezeichnet werden. Deshalb sprach auch Wolfgang
Schäuble spröde von einem »Integrationsland«. Diese ambiva-
lente Haltung hat es vielen Deutschtürken erschwert, heimisch
zu werden, und sie hat der Mehrheitsgesellschaft signalisiert, sie
müsse an ihrem homogenen, überschaubaren Weltbild festhalten.

Der 2015 verstorbene Altbundeskanzler Helmut Schmidt, der in der SPD nach wie vor verehrt wird, sagte 1992, aus Deutschland ein Einwanderungsland zu machen, sei absurd. Das ertrage die Gesellschaft nicht. Seine Position beim Thema Zuwanderung war eindeutig. In Interviews wird er unter anderem mit dem Satz zitiert: »Mir kommt kein Türke mehr über die Grenze.« 2008, in seinem politischen Vermächtnis *Außer Dienst,* schreibt er: »Wer die Zahlen der Moslems in Deutschland erhöhen will, nimmt eine zunehmende Gefährdung unseres inneren Friedens in Kauf.«

Auch sein Nachfolger Helmut Kohl wollte die Türken loswerden oder zumindest jeden zweiten von ihnen mit einer Abfindung nach Hause schicken. Geheime Gesprächsdokumente von einem Treffen zwischen dem damaligen Bundeskanzler Kohl und der britischen Regierungschefin Margaret Thatcher im Jahr 1982 belegten dies, veröffentlicht wurden sie vom *Spiegel* am 1. August 2013. »Es ist unmöglich für Deutschland, die Türken in ihrer gegenwärtigen Zahl zu assimilieren«, so Kohl. Damals lebten rund 1,5 Millionen Türken in der Bundesrepublik, die gerade erhebliche Probleme hatte, denn die Wirtschaft schwächelte und die Arbeitslosigkeit war hoch. Immer mehr Bürger betrachteten die Türken als Konkurrenten am Arbeitsmarkt. Kohl äußerte sich zu den Zuwanderern aus Anatolien sehr distanziert. Portugiesen, Italiener und selbst Südostasiaten hätten sich gut integriert, aber die Türken kämen aus einer sehr andersartigen Kultur. Ironie des Schicksals: Im Jahr 2000 heiratete einer von Kohls Söhnen eine türkische Frau.

Die historischen Worte, dass Deutschland ein Einwanderungsland geworden sei, wurden dann 2015 ausgesprochen. Bundeskanzlerin Merkel benutzte den Begriff und bezeichnete die Asylsuchenden und Flüchtlinge im Land als eine Bereicherung. Türken mussten dagegen Jahrzehnte auf diese Feststellung warten.

Viele Probleme, die es heute mit der Integration gibt, sind eine Spätfolge dieser Blindheit. Lange Zeit hatte die deutsche Mehrheitsgesellschaft gehofft, die Türken würden irgendwann freiwillig in ihre Heimat zurückkehren – oder man könnte sie eben durch Anreizmaßnahmen zur Rückkehr bewegen.

Das ewige Aussitzen rächte sich nun. All die Versäumnisse in puncto Integration aufzuholen war kaum mehr möglich, obwohl in den letzten Jahren vieles angestoßen wurde, was längst überfällig war.

Das »Herzstück« der Integrationspolitik – fast fünfzig Jahre nach der ersten Anwerbung von »Gastarbeitern« – waren die mit dem Zuwanderungsgesetz von 2005 eingeführten »Integrationskurse«. Bei ihnen liegt der Fokus auf dem Spracherwerb, sie sollen aber auch ein Verständnis für das deutsche Staatswesen wecken, »Kenntnisse der Rechte und Pflichten als Einwohner und Staatsbürger« vermitteln und »zur Teilhabe am gesellschaftlichen Leben befähigen«. Gerade für viele bildungsferne Frauen, die neu nach Deutschland kommen, sind sie die Chance auf ein selbstständiges Leben.

Falls es die begrenzten Kurskapazitäten erlauben, können auch Ausländer, die länger in Deutschland leben und »integrationsbedürftig« sind oder das Arbeitslosengeld II beziehen, zur Teilnahme durch die Ausländerbehörden verpflichtet werden. Bei Verletzungen dieser Pflicht haben sie mit Leistungskürzungen oder sogar aufenthaltsrechtlichen Sanktionen zu rechnen. Zudem müssen sie sich grundsätzlich an den Kosten beteiligen – ein großes Hindernis für die Teilnahme, ebenso die langen Wartezeiten. Keinen Rechtsanspruch auf einen Deutschkurs haben Ausländer, die vor 2005 eine Aufenthaltserlaubnis in Deutschland erhalten haben. Sie können freiwillig teilnehmen, bei ausreichend verfügbaren Plätzen.

Für die erste Generation kamen die Kurse schlicht zu spät. Eine Folge der halbherzigen Integrationsstrategie. 2015 belegten allerdings nur noch vier Prozent der Türken einen Integrationskurs, wie aus dem neuesten Integrationsbericht hervorgeht. Deutlich angestiegen sind dagegen die Teilnehmerzahlen unter den Neuzuwanderern, insbesondere aus den EU-Mitgliedsstaaten, hinzu kommen viele Flüchtlinge aus Syrien, Afghanistan, dem Irak, Somalia oder Eritrea. Die Etats für Länder und Kommunen sind inzwischen angestiegen, 2016 standen ihnen knapp 560 Millionen Euro zur Verfügung. In den Jahren vor der Flüchtlingswelle war es weniger als die Hälfte. Für die Gruppe der Asylsuchenden und Geduldeten trat ebenfalls ein Integrationsgesetz in Kraft. Jetzt bekennt sich Deutschland zum ersten Mal per Gesetz zur Integration von Asylsuchenden mit guter Bleibeperspektive. Analog zu der veränderten Lebenswirklichkeit in Deutschland trägt der neueste Bericht zur Lage der Integration nunmehr einen neuen »zeitgemäßen Namen«. Es ist nicht mehr von der »Lage der Ausländerinnen und Ausländer« die Rede, stattdessen steht »die Teilhabe aller, egal welcher Herkunft« im Vordergrund, außerdem die Chancengleichheit. All das zeigt, dass Deutschland aus den Fehlern der Vergangenheit gelernt hat: mehr frühzeitige Angebote an Integrationskursen, mehr Ausbildungs- und Arbeitsmöglichkeiten.

Für die türkischen Einwanderer, die länger in Deutschland leben, ist diese säumige Einsicht wenig hilfreich. Das ist auch der Grund, warum sie in fast allen Bereichen schlechter abschneiden als andere Gruppen. Schon beklagen sich die Migrantenverbände, dass die Arbeit mit Flüchtlingen nicht zur Vernachlässigung der seit mehreren Generationen hier lebenden Migranten führen dürfe. Im Vorfeld des Integrationsgipfels 2016 warnten sie vor Verteilungskämpfen »zwischen denen, die schon immer da waren und denen, die neu dazugekommen sind«. Und sie wollen, dass das Bekenntnis zur Einwanderungsgesellschaft im Grundgesetz verankert wird.

Gerade an den immensen Bemühungen für die Neuzuwanderer – die sicher richtig sind – wird aber deutlich, wie sehr man die Altzuwanderer ihrem Schicksal überlassen hat. Plötzlich werden Milliardenetats eingerichtet, plötzlich gibt es flächendeckende Deutschkurse und andere Integrationsmaßnahmen. Die Chancengleichheit oder der gesetzliche Diskriminierungsschutz wurden viele Jahre nicht angefasst. Wenn etwa Maria Müller und Fatma Ünlü, beide gleich alt, beide in Deutschland geboren, beide mit gleichen Qualifikationen und identischem Notendurchschnitt, sich um eine Ausbildungsstelle bewerben, dann hat in der Regel Fatma schlechtere Aussichten als Maria aufgrund ihrer Herkunft und ihres Namens. Auf dem Wohnungsmarkt das gleiche Problem: Bewerber um Wohnungen mit fremdländisch klingendem Namen haben schlechtere Chancen, eine Bleibe zu finden, als eine Person, die Müller oder Maier heißt. In unserem Grundgesetz steht dazu: »Niemand darf wegen seines Geschlechtes, seiner Abstammung, seiner Rasse, seiner Sprache, seiner Heimat, seiner Herkunft, seines Glaubens, seiner religiösen oder politischen Anschauungen benachteiligt oder bevorzugt werden.«

Als Thilo Sarrazin *Deutschland schafft sich ab* vorstellte, verlor er keine Zeile darüber, wie die Integration besser gelingen könne. Seine Kernbotschaft waren Attacken auf die Migranten, es war von ihm kein einziger Vorschlag darunter, wie Integration besser gelingen kann, stattdessen hörte man nur Behauptungen von ihm, etwa jene, dass türkische und arabische Migranten ständig neue »Kopftuchmädchen« produzierten. Dahinter steckte die Auffassung, dass der islamische Glaube schon im Prinzip als Integrationsbremse wirke. Sie ist noch heute oft zu hören. Traditionell-konservative Einstellungen, heißt es da, seien so weit verbreitet, dass sie mit Elementen der westlichen Werteordnung in Konflikt geraten würden. Wer religiös sei, der tue sich schwer mit Kontakten innerhalb der Mehrheitsgesellschaft, kapsele sich ab, habe Angst, seine Identität zu verlieren – und schlimmer noch, er negiere Gesetze und Werte der europäischen Gesellschaften. Es sei kein Zufall, dass es gerade unter muslimischen Migranten im Vergleich zu nicht muslimischen Einwanderergruppen die meisten Integrationsverweigerer gebe.

Der Islam sieht sich tatsächlich als uneingeschränkte Instanz mit einem Anspruch, sich in alle Lebensbereiche der Gläubigen einzumischen. Das macht es für streng Religiöse ungleich schwerer, sich in pluralistische Systeme einzufügen. Es wäre aber nun zu einfach, sich den Vorurteilen zu beugen und sichtbare »Andersartigkeit« durch Kopftücher und die »andere« Kultur als eindeutige Beweise zu werten, dass sich Türken vermeintlich nicht integrieren wollten. Das Integrationsbarometer 2016 untersuchte den Zusammenhang zwischen Religion und Integration, und es zeigte sich, dass die Bezüge überschätzt werden. Demnach lässt es sich wissenschaftlich nicht belegen, dass individuelle Religiosität grundsätzlich die Teilhabe an Bildung und am Arbeitsmarkt erschwere. Der zentrale Faktor für Erfolg oder Misserfolg in diesen Bereichen sei und bleibe der soziale Hintergrund. Es hängt also davon ab, aus welcher Schicht die Menschen kommen.

Nach Ansicht der Integrationsbeauftragten Aydan Özoğuz wird »so manches Integrationsproblem regelrecht islamisiert, wenn es z. B. um abgehängte Stadtteile, Bildungsverlierer oder Gewalt in Flüchtlingsunterkünften geht«. Nicht alles, was eine Muslimin, ein Muslim mache, ließe sich mit dem Islam begründen. Auch bei Christen sei es nicht anders. Die Chancen oder Nicht-Chancen auf Bildungserfolg würden sehr stark von der sozialen Herkunft des Elternhauses und der oftmals schlechteren sozioökonomischen Situation abhängen, in denen sich Familien mit Einwanderungsgeschichten überproportional befänden, schreibt sie im neuesten Integrationsbericht.

Einen Einblick in diese Strukturen lieferte Heinz Buschkowsky, der frühere Bezirksbürgermeister von Berlin-Neukölln. In

*Neukölln ist überall* schilderte er seine Sorgen und Nöte über all
die Missstände, die sich mit den Jahren in seinem Bezirk angesammelt hatten: Es waren deprimierende Einschätzungen zur
Kriminalität, zur Abhängigkeit von Hartz IV und zu den Parallelgesellschaften. Einige Kritiker sahen das Buch als eine Abrechnung mit seinem Kiez, doch er hatte – im Gegensatz zu Sarrazin – durchaus konstruktive Vorschläge. Dreh- und Angelpunkt
war für den SPD-Politiker das Bildungssystem – die Basis für
Chancengleichheit, Aufstiegsmöglichkeiten und Emanzipation.
Er plädierte für frühkindliche Bildung in Kindertagesstätten,
Kindergärten und Grundschulen. »Wenn diese Kinder eine echte
Chance haben sollen, müssen wir sie so früh wie möglich und so
lange wie möglich dem Milieu entreißen«, schlug er vor. Man
dürfe das Feld nicht den Fundamentalisten überlassen. Unsere
Gesellschaft müsse ihre Werte selbstbewusst verteidigen. Schon
im Interesse der Einwanderer, die genau deswegen in unser Land
gekommen seien. Und er forderte von den Migranten, auch Verantwortung für ihr Leben zu übernehmen, was sie bisher viel zu
wenig taten oder wozu sie nicht in der Lage waren.

Buschkowsky grenzte sich von Sarrazins drastischen Thesen
ab. Trotzdem griff auch er immer wieder latent rechtspopulisti-
sche Argumente auf. Das »Wir« und »Ihr« zog sich durch sein
Buch wie ein roter Faden. Bei den Beschreibungen seines Pro-
blembezirks appellierte er an die alten deutschen Tugenden wie
Ordnung, Pünktlichkeit, Gehorsam und Disziplin und beklagte
»alltägliche Ohnmacht«: Sie ziehen durch den Supermarkt, ohne
zu bezahlen, oder sie parken ihre Autos in zweiter Reihe und
versperren die Straßen. »Machen Sie jetzt nicht den Fehler, zu
hupen oder auszusteigen«, warnte Buschkowsky, »Sie könnten
in eine unangenehme Situation geraten.«

Es war erstaunlich, wie sehr die Türken die Deutschen einge-
schüchtert hatten! Auch das »ständige demonstrative Nichtbe-
achten von Umgangsformen wie Höflichkeit oder Rücksicht-

nahme« störte ihn: Jugendliche, die zu fünft nebeneinander über den Bürgersteig gehen und alle anderen müssen ausweichen. Kein Wunder, so lautete Buschkowskys Fazit, »dass viele irgendwann zu dem Schluss kommen: Ich mag diese Menschen nicht«. Die beschriebenen Missstände sollen nicht in Abrede gestellt werden. Es ist aber ein Armutszeugnis für die Bezirkspolitik, für die auch er verantwortlich war, dass es zu dieser »alltäglichen Ohnmacht« gekommen ist. Straftaten oder Ordnungswidrigkeiten wurden nicht geahndet, der Rechtsstaat griff nicht härter durch. Eine Erklärung für die Nachlässigkeit des Staates, der Polizei, der Behörden lieferte er nicht.

Dass sich Engagement, finanzielle Förderung und neue pädagogische Konzepte lohnen, zeigt das Beispiel der Rütli-Schule in Neukölln. Hier konnte Bezirksbürgermeister Buschkowsky demonstrieren, dass es sich lohnt, in junge Migranten zu investieren. 2006 war die Schule eine Hauptschule mit sehr hohem Migrantenanteil, ihr Ruf verheerend. Lehrkräfte schrieben damals einen Brief an den Berliner Bildungssenator, eine Art Hilferuf: In vielen Klassen sei das Verhalten im Unterricht geprägt durch totale Ablehnung des Unterrichtsstoffes und menschenverachtendes Auftreten, Türen würden eingetreten, Papierkörbe als Fußbälle missbraucht, Knallkörper gezündet und Bilderrahmen von den Flurwänden gerissen. Die Lehrer seien am Ende ihrer Kraft. Nur noch mit einem Handy würden sie sich in die Klassenräume trauen, um notfalls Hilfe zu rufen.

Der Berliner Senat reagierte, Bezirksbürgermeister Buschkowsky machte das Projekt zur Chefsache, die Ehefrau des früheren Bundespräsidenten Johannes Rau, Christina Rau, wurde Schirmherrin. Die berüchtigte Hauptschule wurde mit der benachbarten Grund- und Realschule zusammengelegt, aus der Rütli-Schule wurde der Campus Rütli. Es kamen Schulpsychologen und Sozialarbeiter hinzu, die auch Türkisch und Arabisch sprachen – das half enorm bei der Kommunikation mit den Eltern. Ihre Beteiligung gehört zum Erfolgsrezept der Schule. Der Anteil von Schülern aus ärmeren Elternhäusern ist weiterhin sehr hoch, und 86 Prozent der Schüler haben laut Statistik einen Migrationshintergrund. Doch sie werden durch individuelle Betreuung und Förderungen eingegliedert. Und bei den Schülern hat es offenbar einen Mentalitätswandel gegeben: Sie müssen nicht mehr mit Randale auf sich aufmerksam machen, sie sind stolz auf sich und ihre Schule.

Es ist eine immense Herausforderung, jungen Migranten heutzutage annähernd gleiche Startchancen zu verschaffen, egal, in welchem Stadtviertel und in welcher familiären Situation sie geboren sind. Oft sind ihre Eltern überfordert und können ihre Kinder nicht angemessen unterstützen, sodass die Schule diesen Nachteil ausgleichen muss, vor allem beim Erlernen der deutschen Sprache. Integration kann nicht ohne Investitionen in Bildungseinrichtungen gelingen; in anderen Einwanderungsgesellschaften wird das besser befolgt.

Die zweite Generation der Türken blieb oft unter ihren Möglichkeiten. Als Kinder wurden sie immer wieder wegen ihrer Sprachprobleme in Sonderschulen abgeschoben, ihr Potenzial wurde nicht erkannt. Und wenn sie es schafften, auf die Realschule oder aufs Gymnasium zu kommen, dann war es ein persönlicher Kraftakt – oder es halfen deutsche Nachbarn oder Freunde bei den Hausaufgaben. Nur wenigen gelang der Sprung an die Universitäten. Dass sie nicht wie ihre Eltern an Fließbändern stehen, dass aus ihnen erfolgreiche Anwälte, Ärzte, Regisseure, Schauspieler, Fußballer, Moderatoren oder Politiker werden konnten, das ist dem Aufstiegswillen der Einzelnen zu verdanken. Auch dass mit Aydan Özoğuz erstmals eine Tochter von Einwanderern im Bundeskabinett sitzt, ist ein großer Erfolg.

Wenn aber Bildungserfolg von Zufällen und individuellen Lebensleistungen abhängt, läuft etwas schief. Jede Regierung bis 2006 habe das Thema vernachlässigt, man habe lange in der

Rückkehr-Lebenslüge verharrt, gibt auch der CDU-Politiker Armin Laschet zu, einst der erste Integrationsminister in Deutschland. Noch heute schicken türkische Familien ihre Kinder seltener in die Kindergärten, noch immer gehen zu viele türkische Kinder mit geringen Sprachkompetenzen in die Grundschule. Diese Defizite wirken sich auf den Bildungsverlauf negativ aus, zumal die Eltern dieser Kinder selbst niedrige Bildungsabschlüsse haben.

Nach den Daten der Schulstatistik 2014/2015 verließen 12,7 Prozent der Schülerinnen und Schüler mit ausländischer Staatsangehörigkeit die Schule ohne Hauptschulabschluss, unter denen mit deutscher Staatsangehörigkeit waren es nur 5,1 Prozent. So steht es im 11. Bericht der Beauftragten der Bundesregierung für Migration, Flüchtlinge und Integration. Der mehrheitlich erreichte Abschluss ist der Hauptschulabschluss, 40,3 Prozent der Kinder mit Migrationshintergrund schaffen ihn. Den Hauptschulabschluss legen nur 20 Prozent der deutschen Schüler ab, mehrheitlich gelingt ihnen die mittlere Reife oder das Abitur. Aber auch bei Kindern mit Migrationshintergrund gibt es eine kleine Erfolgsgeschichte. Waren 2010 nur neun Prozent in dieser Gruppe unter den Abiturienten, schafften es 2015 immerhin 17 Prozent.

Sprache, frühkindliche Betreuung, Schule, Ausbildung, Arbeitsplatz und Teilhabe – überall ist Nachholbedarf. Versäumnisse in frühen Lebensphasen setzen sich bis ins Erwachsenenalter fort, was wiederum die Chancen auf dem Arbeitsmarkt verringert. So ist es wenig verwunderlich, dass das Armutsrisiko der Bevölkerung mit Migrationshintergrund höher ist als das der Bevölkerung insgesamt.

Es wäre aber unangemessen, für all diese Integrationsmängel den deutschen Staat verantwortlich zu machen. Ja, es gibt zahlreiche Integrationsverweigerer. Ein Teil der Türken in Deutschland war und ist auch zu bequem für die Anstrengungen, die eine gelungene Integration voraussetzt. Es gibt Milieus, in denen die Menschen für ihre Religion leben, die Rechte ihrer Frauen und Töchter missachten, ihre Kinder aus der Gemeinschaft der Schule ausschließen, weil sie dort »schädlichen« Einflüssen ausgesetzt sein könnten. Es gibt Salafisten, die ihren Glauben über das Grundgesetz stellen, die alles Deutsche verachten.

Vor allem die erste Generation der Deutschtürken war nicht sonderlich interessiert an einer wirklichen Integration. Sie kam vielfach aus bildungsfernen Schichten, einige waren gar Analphabeten. Sie arbeiteten in Zechen, Stahlwerken und Fabriken und fanden keine Zeit, Kraft und Energie für Sprache und Fortbildung. Für sie war es der einzig mögliche Weg, sich in ihre kleine türkische Welt zurückzuziehen. Damit konnten sie auch ihren Kindern keine wirkliche Hilfe sein. Der übermäßige Konsum türkischer TV-Sender wird ein Grund für die Sprachdefizite der türkischen Kinder in der Schule sein, der starke Fokus auf die Türkei und auf türkische Themen erschwert die Integration und erlaubt es der türkischen Regierungspartei, dass ihr Weltbild ungefiltert in türkische Wohnungen Einlass findet.


## Das Modell der kleinen Schritte

Bei einer Einbürgerungsfeier am 22. Mai 2014 anlässlich des 65. Jahrestags des Grundgesetzes sagte der damalige Bundespräsident Joachim Gauck sehr treffend, Einwanderung sei zuerst ignoriert, später abgelehnt, noch später ertragen und geduldet und schließlich als Chance erkannt und bejaht worden. Und in diesem Stadium befänden wir uns heute. Die meisten Menschen würden den Alltag in der Einwanderungsgesellschaft inzwischen viel pragmatischer und gelassener sehen, als er uns in Talkshows, Boulevardblättern oder Online-Foren begegnen würde. Inzwischen wachse auch die Gelassenheit, doppelte Staatsbürgerschaften als selbstverständlich hinzunehmen. Sie sei der »Ausdruck der Lebenswirklichkeit einer wachsenden Zahl von Menschen ... Unser Land lernt gerade, dass Menschen sich mit verschiedenen Ländern verbunden und trotzdem in diesem, in unserem Land zu Hause fühlen können. Es lernt, dass eine Gesellschaft attraktiver wird, wenn sie vielschichtige Identitäten akzeptiert und niemanden zu einem lebensfremden Purismus zwingt.«

Das sind Worte, die Zuversicht ausstrahlen. Integration ist aber ein langwieriger Prozess. Deutschland tut sich noch schwer mit seinen Migranten – es lernt zu langsam. Wahrscheinlich liegt auch ein eklatantes Missverständnis vor, was es leisten kann und will. Für einige Türken geht die Akzeptanz nur stockend voran, für einige Deutschen zu schnell, weil sie bislang nicht bereit sind für eine Einwanderungsgesellschaft.

Als im Sommer 2016 in Köln 30 000 Deutschtürken auf die Straße gingen, um, wie sie es sagten, für die Demokratie, aber auch für Erdoğan zu demonstrieren, war die deutsche Öffentlichkeit alarmiert. Wer sich so verhalte, dem stehe es frei, unser Land zu verlassen, hieß es sogleich. Es waren die üblichen Reflexe gegenüber einem Teil der Gesellschaft, die nun mit der Forderung nach Loyalität untermauert wurden. »Von den Türkischstämmigen, die schon lange in Deutschland leben, erwarten wir, dass sie ein hohes Maß an Loyalität entwickeln«, sagte Kanzlerin Angela Merkel. Der *Spiegel*-Redakteur Ullrich Fichtner deutete das so: »Da ist ein Wir, und da sind die anderen, letztlich fremden ›Türkischstämmigen‹.« Merkels Satz gehöre »zu den Versuchsballons«, die die Union steigen lasse, um zu testen, wie sie in aktuellen und künftigen Wahlkämpfen mit Ausländer- und Islamthemen punkten könne. In der Tat: So empfanden es auch viele Deutschtürken.

Es ist fraglich, ob Appelle an die Loyalität ausreichen, um ihre Herzen zu gewinnen. Einige meinten, es fehle nur noch, dass man einen Loyalitätstest verlange. Aber dann von *allen*, auch von deutschen Rechtspopulisten, die die Werte des Grundgesetzes missbrauchen.

Der jüngste Vorstoß des CDU-Bundesparteitags zur Abschaffung der doppelten Staatsbürgerschaft zielt erneut auf die türkische Minderheit in Deutschland – wie immer, wenn es die politische Lage erfordert.

Der Doppelpass wurde 2014 von der rot-grünen Regierung nach dem Wegfall der sogenannten Optionspflicht eingeführt, die vorschrieb, sich mit 21 Jahren für eine bestimmte Staatsbürgerschaft zu entscheiden. Frau Merkel erklärte zwar, dass sie den Beschluss des Parteitags nicht akzeptiere, eine Abschaffung der doppelten Staatsbürgerschaft sei für sie kein Thema. Doch ist es nicht auszuschließen, dass erneut Wahlkampf damit gemacht wird. Das CDU-Präsidiumsmitglied Jens Spahn findet viel Beifall, wenn er für Erdoğan demonstrierenden Deutschtürken rät, Deutschland zu verlassen oder ihre deutschen Pässe zurückzugeben. Er ist der Auffassung, dass zwei Pässe die Integration massiv behindern. Es lässt sich jedoch schwer messen und belegen, dass jemand mit türkischem Pass nicht integriert sei, umgekehrt kann auch jemand mit deutschem Pass ein »Integrationsverweigerer« sein.

Umfragen haben gezeigt, dass etwa jeder zweite Deutsche genauso wie Spahn denkt. Kommentare in Netz-Foren verdeutlichen, dass es sich auch um eine Art Neid-Debatte handelt: »Rosinenpickerei« sei das! Man habe ja selbst nur einen Pass! Warum soll man in zwei Ländern wählen dürfen? Sozialleistungen hier, Verbundenheit dort. Oder: Man könne nur einem Herrn dienen, nur zu einer Fahne stehen. Eines haben alle diese Stimmen gemeinsam: Wer Deutscher sein will, muss sich den deutschen Pass mit Wohlverhalten verdienen. Es genügt offenbar nicht, dass Deutschtürken die deutschen Gesetze achten, einer Arbeit nachgehen und Steuern zahlen.

Andererseits wirkten die islamistisch-nationalistisch angehauchten Kundgebungen mit Deutschtürken, die in einem Meer von türkischen Fahnen »Eine Nation, ein Vaterland« riefen, nicht unbedingt vertrauenserweckend. Wer für sein Ursprungsland derart in Ekstase gerät, dem wird seine neue Heimat egal sein. Diese neue Entwicklung in Deutschland ist ein Zeichen bewusster Abgrenzung, obgleich jene Menschen nur eine Minderheit darstellen. Solange Erdoğan sie euphorisieren, ihnen Selbstbewusstsein und Stärke vermitteln kann, wird man diese Minderheit nicht mehr für sich gewinnen können.

Die ständig neuen Debatten um türkische Migranten treffen aber gleichsam Integrierte wie Nichtintegrierte. Die Deutschtürken sind insgesamt verstärkt zur Projektionsfläche innenpolitischer Machtkämpfe in Deutschland geworden. Das hatte auch in früheren Wahlkämpfen funktioniert. 1999 wurde Roland Koch Ministerpräsident in Hessen, weil er eine Unterschriftenkampagne gegen die von der rot-grünen Bundesregierung geplante doppelte Staatsbürgerschaft organisiert hatte. Es gab nicht wenige, die fragten: »Wo kann man denn hier gegen Ausländer unterschreiben?« Die Botschaft war angekommen, und natürlich meinten sie damit die Türken.

Einen Pass, einen Patriotismus, eine Loyalität gegenüber nur noch einem Staat, heißt nun wieder die Devise, der sich auch linksliberale Journalisten nicht entziehen können. Jakob Augstein etwa schrieb am 4. August 2016 in seiner *Spiegel Online*-Kolumne, bei der Erdoğan-Demo seien vermutlich viele, die neben dem türkischen Pass auch den deutschen hätten. Es seien Deutsche, die nach der Diktatur brüllten. Sein Fazit: »Die doppelte Staatsangehörigkeit war einmal als progressives Projekt gedacht. Sie war ein Irrtum.« Dahinter steckt die Überzeugung, dass es einfacher sei, neue Wurzeln zu schlagen, wenn die

alten abgeschnitten werden. Diese Auffassung wird zurzeit nur
für die Deutschtürken formuliert.

Dabei ist unklar, wie viele der 30 000 AKP-Anhänger, die in
Köln demonstrierten, den türkischen *und* den deutschen Pass
haben. Bezieht man noch die AKP-Anhänger mit ein, die auf
Parteikosten aus Belgien und den Niederlanden herantransportiert wurden, wird die Zahl eher gering sein. Insgesamt gibt es
überhaupt nur 530 000 Deutschtürken, die beide Pässe besitzen.
Zudem nimmt die Zahl der Einbürgerungen von Türken seit
Langem ab. 2003 war sie am höchsten – 56 244. Das war zu
einer Zeit, als die Europa-Begeisterung die Türken beflügelte.
Türke und gleichzeitig Europäer und Deutscher zu sein, ein Mitglied der Europa-Familie, all das erschien Anfang des Jahrtau-
sends eine positive Vision zu sein. Damals war die AKP-Regierung gerade an der Macht, reformwillig und europafreundlich,
mit Ideen, die Anlass zur Hoffnung gaben. Mit der Ernüchterung
in den Folgejahren sank auch die Bereitschaft für eine Einbürge-
rung rapide. 2015 waren es nur noch 19 674 Türken, die sich
einbürgern ließen.

Die Gründe dafür sind verständlich. Viele Deutschtürken fühlen sich immer noch nicht als vollwertige Bürger anerkannt, obwohl sie sich längst zu diesem Land zugehörig fühlen. Auf die
Frage, warum sie sich nicht einbürgern lassen wollen, sagen sie
oft: »Die deutsche Identität bewahre ich mir auch ohne deutschen Pass.« Oder: »Selbst mit nur einer Staatsbürgerschaft – mit
der deutschen – bleiben wir die Kanaken, die Muselmänner.«
Nicht zuletzt durch die Anfeindungen gegenüber Türken und
Muslimen im Alltag denken gerade gut ausgebildete Deutschtürken daran, in die Türkei zurückzukehren. Schon zwischen 2006
und 2008 wanderten mehr Türken aus Deutschland aus als ein.
Sie versuchten zur Zeit hoher Zuwachsraten in der türkischen
Volkswirtschaft ihr Glück in der früheren Heimat zu finden.

Geschichte, Tradition, Wurzeln – nichts gehe verloren, wenn

man sich gegen den türkischen Pass entscheiden würde, schreibt Augstein weiter. Mag sein, bei vielen Doppelstaatlern liegt der türkische Pass tatsächlich ungenutzt in der Schublade. Doch wird er trotzdem immer noch gebraucht, sobald in der Türkei Erb- und Rentenangelegenheiten der Eltern zu regeln sind. Er hilft bei der Bewältigung manch bürokratischer Hürde, die man dort mit dem deutschen Pass nur schwerlich überwinden könnte. Es ist vermessen, zu glauben, dass die Verehrung für Präsident Erdoğan von einem oder zwei Pässen abhängt. Identität in einer Einwanderungsgesellschaft kann jedenfalls nicht erzwungen werden. Seine Herkunftskultur wird kaum ein Migrant, welcher Nationalität auch immer, einfach abstreifen können.

Augsteins Kommentar endet mit der für Deutschtürken deprimierenden Feststellung, dass die doppelte Staatsbürgerschaft nur den Bürgern aus EU-Ländern vorbehalten sein sollte. Die geradezu hysterisch geführte Debatte um die doppelte Staatsbürgerschaft zeigt eine doppelte Moral. Denn während sie bei EU-Bürgern und sogar bei Russen – die größte Gruppe mit rund 712 000 Doppelpässen – akzeptiert wird und keine Diskussionen auslöst, wird sie bei Türken zur Loyalitätsfrage erhoben.

Der Grünen-Politiker Jürgen Trittin reagierte auf die neue Doppelpass-Debatte. Sie entspringe einem »perfiden Populismus«, schrieb er in einem Gastbeitrag am 20. August 2016 im S*piegel*. Die Türken würden nun pauschal für die autokratische Politik der türkischen Regierung in Haftung genommen. »Wer gegen Erdoğan ist, gibt seinen türkischen Pass ab«, diese seltsame Logik stecke hinter den Angriffen. »Natürlich habe niemand etwas gegen die Doppelstaatsbürgerschaft von Kindern aus US-deutschen Familien. Und auch der zweite Pass der nach Zürich verheirateten deutschen Akademikerin störte nicht«, so Trittin. Es ginge um Rassismus, darum, wer zu unserer Gesellschaft gehöre. Die Frage sei nun, wie wir diese Gesellschaft definierten: völkisch oder demokratisch? Die Abschaffung der Optionspflicht war für Trittin die richtige Maßnahme: »Es hatte sich gezeigt, wie integrationshemmend es war, eine ganze Generation von Menschen als Bürger auf Probe zu behandeln.«

Dabei ist Mehrstaatlichkeit schon längst Realität in Deutschland. Katarina Barley, die SPD-Generalsekretärin, will weder auf ihren deutschen noch auf ihren britischen Pass verzichten. »Man würde ja auch niemanden zwingen, sich zwischen Vater und Mutter zu entscheiden«, sagt sie. Ebenso will David McAllister – der einst erste CDU-Ministerpräsident mit doppelter Staatsbürgerschaft, heute Europaabgeordneter und Mitglied des CDU-Präsidiums – seinen britischen Pass nicht hergeben. Der argentinisch-israelische Dirigent Daniel Barenboim hat gar vier nicht deutsche Pässe, aber er würde nie mehr woanders wohnen wollen als in Berlin, sagte er einmal.

Auch die meisten Deutschtürken können und wollen sich ein Leben in der Türkei nicht mehr vorstellen. Selbst die Unzufriedenen werden mehrheitlich hierbleiben. Umfragen der letzten Zeit, darunter die Studie der Universität Münster zu Integration und Religion von Türkeistämmigen, zeigen durchgehend, dass sich 90 Prozent der Türken in Deutschland sehr wohlfühlen. 87 Prozent der Türken attestieren Deutschland gegenüber auch eine sehr enge oder enge Verbundenheit. 85 Prozent der Befragten sagen das ebenso über die Türkei. Zwei Herzen schlagen also in ihrer Brust.

Weiterhin ist der Wille zur Integration unter den Türkeistämmigen in Deutschland stark ausgeprägt. 70 Prozent der interviewten Personen sagen, sie wollten sich unbedingt und ohne Abstriche in die deutsche Gesellschaft integrieren. Danach gefragt, was sie selbst als Bedingungen guter Integration ansehen, antworten sie: dass man die deutsche Sprache lernt (91 Prozent), die Gesetze in Deutschland beachtet (84 Prozent) und gute Kontakte zu Deutschen hat (76 Prozent). Als weniger bedeutsam sehen die Türkeistämmigen an, dass man mehr von der deutschen

Kultur übernimmt (39 Prozent), sich mit seiner Kleidung anpasst (33 Prozent) oder sich um die deutsche Staatsangehörigkeit bemüht (32 Prozent).

Es sind vor allem die Deutschtürken der zweiten und dritten Generation, die zu 86 Prozent der Ansicht sind, man solle selbstbewusst zu seiner eigenen Kultur beziehungsweise Herkunft stehen, während das in der ersten Generation nur 67 Prozent sagen. Zusammengefasst bedeutet das, dass diejenigen, die in Deutschland geboren oder aufgewachsen sind, beides wollen: sich integrieren und ihre Identität bewahren.

Sie sind durchaus der Meinung, dass sie zwei Ankerpunkte in ihrem Leben haben können. Das mag schwer verständlich sein für andere, die ein klar umrissenes Weltbild haben, mit eindeutigen Zuordnungen von Loyalität und Zugehörigkeit. Aber auch Deutschtürken, die nicht zu AKP-Kundgebungen gehen, hängen an ihrem Ursprungsland und haben familiäre Kontakte, die sie nicht missen wollen. Daher wollen sie ihre »Herkunftsidentität« nicht völlig aufgeben. Warum sollten Türken in Deutschland das aufgeben, was beispielsweise einem Griechen oder einem Italiener zugestanden wird?

Die Heimatverbundenheit kann Probleme mit sich bringen, muss es aber nicht. Die einen sind zerrissen zwischen den Wertvorstellungen ihres Ursprungslands und denen der Mehrheitsgesellschaft – sie schaffen es kaum oder gar nicht, zwei Identitäten in Balance zu bringen. Die anderen kommen damit ganz gut zurecht, sie wechseln zwischen den Kulturen hin und her, je nach Gebrauch. Mit der Sprache ist es genauso. Deutschland dagegen bezeichnen sie gleichwohl als ihr Vaterland.

2008, bei einer Kundgebung in Köln, sagte Erdoğan – damals noch Ministerpräsident – einen Satz, der die Mehrheitsgesellschaft provozierte: »Assimilation ist ein Verbrechen gegen die Menschlichkeit.« Wie so oft ignorierte er diplomatische Regeln. Er hat bis heute nicht akzeptiert, dass Integrationsfragen in

Deutschland mit den hier lebenden Türken entschieden werden
müssen und nicht in der Türkei. Diese vollkommen unnötige
und überspitzte Formulierung bestimmte fortan die Debatte in
den deutschen Medien – und auch an den Stammtischen.

Der damalige CSU-Vorsitzende Erwin Huber zog sogleich die
»EU-Karte« und beklagte, Erdoğan habe türkischen Nationalismus auf deutschem Boden gepredigt. Das sei antieuropäisch,
jetzt müsse man überlegen, ob unter diesen Umständen die
Beitrittsverhandlungen mit der Türkei überhaupt noch sinnvoll
seien. Die »Vorlage« Erdoğans war der CSU willkommen, um
erneut den EU-Beitritt der Türkei abzulehnen. Allerdings beurteilt die CSU deutlich nationalistische Positionen anderer Verbündeter in Europa mit Nachsicht und Verständnis. Der ungari-
sche Ministerpräsident Orbán ist bei der CSU und in Bayern ein
gefragter Gesprächspartner.

Die harschen Reaktionen, die antitürkischen Reflexe waren
für Erdoğan wiederum ein Beweis dafür, dass man von den Türken doch die totale Aufgabe der kulturellen und religiösen Identität forderte – einen Anpassungszwang bis hin zur Selbstaufga-
be. In seiner Rede vor Tausenden Deutschtürken gab er Eltern
den pädagogischen Rat, ihren Kindern die türkische Muttersprache weiterzugeben. Jedoch würden die Kinder in jeder Hinsicht
davon profitieren, wenn sie auch Deutsch lernten. Politiker und
Sprachwissenschaftler begannen nun über die Reihenfolge des
Spracherwerbs zu diskutieren und kamen zu dem Schluss:
Deutsch zuerst, dann die Muttersprache! Entscheidend ist weniger die Reihenfolge, wichtig ist nur, ob Kinder beim Eintritt in
die Grundschule ausreichend Deutsch sprechen.

In den Reden, die Erdoğan in Deutschland gehalten hat, ist bei
genauer Lektüre festzustellen, dass er gleichzeitig zwei Ziele
verfolgt: Integration und gleichzeitige Beibehaltung der türkischen Kultur. Denn nur so können sich die Deutschtürken im
Interesse der Türkei verhalten, sich in deutschen Parteien und

Verbänden engagieren und in Lobbyorganisationen die Sache der Türkei voranbringen. Damit rennt er offene Türen ein, denn selbst integrierte nationalkonservative Türken lehnen größtenteils eine Assimilation ab. »Assimilation heißt totale Anpassung, totale kulturelle Anpassung, einschließlich der Aufgabe der Muttersprache und der Normen und Werte, die dazugehören. Integration ist beschränkt. Integration begrenzt sich auf die Annahme der Werte der Republik. Dazu gehören Trennung zwischen Religion und Politik, Zivilgesellschaft, Demokratie usw.«, erklärte der Politik- und Islamwissenschaftler Bassam Tibi den Unterschied in einem Interview mit dem Deutschlandradio am 14. Februar 2008. Die Migranten gliederten sich zwar in das Gemeinwesen ein, in dem sie lebten, »aber sie bewahren ihre Identität oder, vielleicht noch besser formuliert: Es gibt den Begriff *multiple identity,* multiple Identität.«

Offiziell wird von deutscher Seite die Assimilation inzwischen weder gefordert noch gefördert, die deutsche Politik hat sich von diesem Reizwort verabschiedet. Peter Müller, damaliger saarländischer Ministerpräsident und jetziger Verfassungsrichter, schaltete sich in die kontrovers geführte Debatte ein. In einem Gastbeitrag für die *FAZ* am 15. Februar 2008 erklärte er: »Integration kann nur gelingen, wenn ein ausreichendes Maß an Anpassung an die aufnehmende Gesellschaft stattfindet. Dazu gehört insbesondere die Bereitschaft zur Anerkennung der Werteordnung der Verfassung, zur Respektierung der Grundlagen und Traditionen des Zusammenlebens der aufnehmenden Gesellschaft und zum Erlernen der jeweiligen Sprache.« Aber kein Mensch verlange, dass Deutschtürken hinsichtlich ihrer Kultur, ihrer Sprache, ihrer Religion irgendwelche Abstriche machen sollten, soweit sich dies in dem vorgegebenen gesetzlichen Rahmen abspiele.

Seit diesen Worten haben sich die politischen Rahmenbedingungen verändert. Erdoğans Konfrontationskurs in den folgen-

den Jahren verfestigte die Sprachlosigkeit zwischen den beiden
Staaten. Mit steigendem Selbstbewusstsein immer kompromiss-
loser geworden, wurde er zu einem Politiker, dessen Anwesen-
heit in Deutschland Befürchtungen auslöst und der auf Emotionen und Abgrenzung setzt. Auch früher reisten Ministerpräsidenten oder türkische Politiker nach Deutschland, doch so
fordernd wie der türkische Präsident und seine AKP-Minister
trat bisher niemand auf. Kaum jemand hat diese Besuche derart
offen für seine Wahlkämpfe genutzt, keiner mithilfe von sozialen Medien und Lobbyorganisationen ein derart professionelles
Netzwerk in Europa errichtet wie Erdoğan. Folglich hat sich der
Einfluss der türkischen Regierung auf die Deutschtürken in den
vergangenen zehn Jahren erheblich ausgeweitet. Erdoğan versucht sich die Zerrissenheit der Deutschtürken – zumindest im
islamisch-konservativen Milieu –, ihre Gespaltenheit zwischen
der neuen und alten Heimat, geschickt zunutze zu machen und
sie für seine Interessen einzuspannen. Er braucht die Deutschtürken mehr denn je für seinen Machterhalt.

Dass viele Deutschtürken noch in dritter Generation sagen,
ich bin Türke, liegt aber nicht nur an Erdoğan. Ebenso wenig
daran, dass sie sich nicht ernsthaft integrieren wollen, sondern
weil die Gesellschaft sie immer noch als Türken betrachtet. In
klassischen Einwanderungsländern wie den USA oder England
werden Migranten ohne Weiteres als US-Amerikaner oder Bri-
ten akzeptiert. Ihre Regierungen haben auch keine Angst, dass
sie sich mit ihrem Ursprungsland verbunden fühlen könnten.
Viele Deutschtürken erleben, dass die Menschen in Deutschland
nicht die Suche nach dem Verbindenden, sondern das Trennende
in den Vordergrund stellen.

Er sei gerne Deutscher – eigentlich, schreibt Mehmet Daimagüler, Jurist und Nebenkläger im NSU-Prozess. Aber dennoch
fragten ihn »wohlmeinende« Deutsche, ob er denn an Rückkehr
denke. In *Kein schönes Land in dieser Zeit* beklagt er, mit wel-

cher Selbstverständlichkeit Migranten und Deutsche auseinan-
derdividiert würden. Das Buch ist die Biografie eines Aufstei-
gers sowie eine Abrechnung mit der Integrationspolitik. Daimagülers Mutter kam vor über fünfzig Jahren nach Deutschland, er
selbst ist hierzulande geboren und aufgewachsen. »Ich habe
keine andere Heimat und möchte auch keine andere«, schreibt
er.

Es sind vor allem die misstrauischen Fragen, die ihn in eine
Rechtfertigungshaltung zwingen. Vor dem 11. September 2001
musste er sich immer für die Türkei und ihre wirklichen und
vermeintlichen Missstände verantworten: Was macht *ihr* mit
den Kurden? Wieso wird bei *euch* gefoltert? Wieso hat *dein* Militär geputscht? Danach sei alles sogar noch schlimmer geworden. Anstatt »ihr Ausländer« oder »ihr Türken« hieß es jetzt »*ihr*
Moslems«. *Ihr* unterdrückt Frauen, *ihr* seid Terroristen, *ihr* seid
integrationsunfähig. Fortan erlebte Daimagüler, dass er, der
deutsche Jurist, zum »ewigen Türken« gemacht wurde. »Es ist
ein schlechtes Gefühl«, formuliert er, »sich ständig wehren zu
müssen, immer auf der Hut zu sein.«

Manche versuchten ihm seine Heimat fremd zu machen, indem sie ihn zum Fremden erklärten. Dabei ist er selbst der perfekt Integrierte, was schon an seiner erfolgreichen Vita abzule-
sen ist. Sein Grundschullehrer wollte ihn auf die Sonderschule
schicken, er schaffte es dann aber doch auf die Hauptschule. Mit
Fleiß und Ausdauer kam er über die Realschule aufs Gymnasium, machte Abitur und studierte in Harvard und Yale. Er werde
mit alldem leben müssen, stellt Daimagüler resigniert fest,
»denn mehr Integration ist für mich nicht möglich«. Das ist nicht
nur eine Einzelmeinung, es ist ein allgemeines Dilemma für die
Einwanderer in Deutschland.

Es ist das Gefühl, dass selbst eine Assimilierung keine größe-
re Akzeptanz in der deutschen Gesellschaft bewirken würde.
Auch Ozan Ceyhun hat sich diesbezüglich von seinen Illusio-

nen, wie er sagt, verabschiedet. Einst ging er für die Grünen und später für die SPD in die Politik, machte Wahlkampf für Gerhard Schröder. Ceyhun lebt seit 1980 in Deutschland, hat den deutschen Pass, fühlt sich als Deutscher, ist mit einer deutschen Frau verheiratet, dennoch wurde ihm im Laufe der Jahre bewusst: Er wird immer der »Türke« bleiben. In seinem Buch *Man wird nie Deutscher* beschreibt er all die Verletzungen und Kämpfe um Anerkennung. Während aber Daimagüler mit seiner Rolle leben kann, hat Ceyhun weitreichende Konsequenzen gezogen. Er kehrte zurück zu seinen Wurzeln, behauptet jetzt, getreu der AKP-Ideologie, dass die Religion wichtig sei und dass die Menschen den Islam nur aus Unwissenheit ablehnen würden. Er ging in die Türkei und machte als Berater der türkischen Regierung unter Erdoğan Karriere.

# Ausblick

Immer neue Provokationen gehören beim türkischen Präsidenten Recep Tayyip Erdoğan zum Politikstil. Er pokert und hält sich für unbesiegbar, erkennbar daran, wie er zum nächsten Vergeltungsschlag ansetzt oder die nächste Schmähung über »ausländische Feinde« formuliert. Wie kein anderer vermag Erdoğan die Massen zu beeinflussen und zu lenken. Getrieben von Machthunger, schafft er es, mit aggressivem Verhalten seine Anhänger hinter sich zu scharen. Inzwischen hat er so viel politisches Porzellan zerschlagen, dass er mit fast allen europäischen Partnern im Streit liegt. Die Nazi-Vorwürfe, die er gegenüber Deutschland und – kurioserweise – die Niederlande erhoben hat, nachdem Wahlkampfauftritte seiner Minister für die Verfassungsreform untersagt worden waren, sprechen für sich. Sie sind nur ein Vorgeschmack auf weitere Angriffe, die jeglichen diplomatischen Gepflogenheiten widersprechen.

»Wir gehen unseren Weg, geht ihr euren«, ruft er in jüngster Vergangenheit seinen europäischen Partnern zu. Gekränkt und hochmütig zugleich, lässt er die Europäer zappeln, die ihre Probleme in der Flüchtlingskrise nicht alleine lösen können. Eine neue außenpolitische Linie ist da zu erkennen. Der Arroganz des Westens setzt er die Arroganz des Ostens entgegen und schaut sich selbstbewusst nach neuen Partnern um.

Die türkische Regierungspartei AKP, deren Vertreter einer islamistischen Bewegung entstammen, war nie eine leidenschaftliche Verfechterin der europäischen Idee, weshalb Analysten ihren anfänglichen Drang nach Westen als Vorwand sehen, die Türkei mithilfe der EU so umzugestalten, um ihre eigentliche Agenda durchzusetzen: unter anderem mehr Rechte für die isla-

misch-konservative Klientel und das Zurückdrängen des türkischen Militärs. Dass Erdoğan solch einen durchdachten Plan
gehabt haben könnte, trauen ihm viele durchaus zu, vor allem
das westlich-orientierte Milieu in der Türkei, das im Laufe der
Jahre mit ansehen musste, wie eine kemalistische Bastion nach
der anderen fiel, allen voran das Kopftuchverbot. In 15 Jahren
hat der narzisstische Machtmensch die Polarisierung Schritt für
Schritt auf die Spitze getrieben, auf eine machiavellistische Art
und Weise seine »neue Türkei« geformt. Die Krönung dieses
durchdachten Plans ist nun das Präsidialsystem.

Die demokratischen Kräfte im Land hatten anfänglich viel
Hoffnung in Erdoğan gesetzt. Allzu verlockend waren seine Ver-
sprechungen: Den einen versprach er Stabilität, wirtschaftlichen
Aufschwung und die Anbindung an die Europäische Union, den
anderen die Symbiose von Islam und Demokratie. Wieder anderen war es hochwillkommen, dass er sich daranmachte, das ver-
hasste Militär zurechtzustutzen.

Es findet nun eine regelrechte »Hexenjagd« auf unterschied-
liche Gruppierungen statt, die in Erdoğans Visier geraten sind.
In der Türkei reichen inzwischen Kleinigkeiten, um im Gefängnis zu landen: etwa ein Konto bei einer Gülen-nahen Bank oder
ein Autokennzeichen mit »FG«, den Anfangsbuchstaben des
Erzfeinds Fethullah Gülen, dem die türkische Regierung vorwirft, den Umsturzversuch im Juli 2016 initiiert zu haben.

Wie soll man nur mit einem Menschen umgehen, der über-
reagiert, wenn man seine Autorität infrage stellt, der für seinen
Machterhalt alles in Kauf nimmt, angefangen von der Instrumentalisierung von Deutschtürken über den wirtschaftlichen
Ruin seines Landes bis hin zur Isolation? Letztendlich müssen
die Türken selbst aus eigener Kraft zur Demokratie zurückfin-
den. Doch was kann die deutsche Politik tun? Da gehen die Meinungen auseinander. Psychologen raten: klare Sprache und keine Schwäche.

Der Umgang mit Populisten ohne Skrupel stellt die Europäer vor große Herausforderungen. Die Stimmen werden lauter, die strenge Maßnahmen fordern, etwa den EU-Beitrittsprozess stoppen, wirtschaftliche Sanktionen, Finanzhilfen einfrieren oder die Aufkündigung des Flüchtlingsabkommens. Eine Politik von Vergeltung und Rache hilft aber nicht weiter. Deutschland würde sich nur auf das Niveau des türkischen Präsidenten begeben.

Eine Kappung des Gesprächsfadens würde in erster Linie nicht Erdoğan, sondern der kritischen Zivilgesellschaft schaden. Ohnehin konzentriert sich die deutsche Politik viel zu stark auf den türkischen Präsidenten. Für die oppositionellen Gruppen ist das das völlig falsche Signal.

Der frühere Chefredakteur der Tageszeitung *Cumhuriyet,* Can Dündar, der inzwischen im deutschen Exil lebt, betont, Erdoğan repräsentiere nicht alle Türken. Ein Teil des Westens zu sein, war schon immer ein Traum von vielen gewesen, übrigens auch über Jahrzehnte türkische Staatspolitik. Es ist nur verständlich, dass die demokratischen Kräfte in der Türkei diesen Wunsch haben: »Lasst uns nicht allein mit Erdoğan.« Sollte sich die Europäische Union gegen die Türkei stellen, würde ihm das im Zweifel noch mehr Sympathien einbringen, zumal die EU-Müdigkeit im Land enorm zugenommen hat. Sollte er tatsächlich, wie bereits angekündigt, ein EU-Referendum abhalten, die meisten Türken würden zurzeit eher für die Beendigung des EU-Beitrittsprozesses stimmen.

Die EU-Perspektive scheiterte am Ende nicht an Erdoğans mangelndem Reformeifer, sondern an überwindbaren Vorurteilen und maßloser Heuchelei. Mal wurde vor der »Türkenschwemme« gewarnt, mal war es der Islam, weshalb man der Annäherung der Türkei an Europa abwehrend oder zumindest halbherzig gegenüberstand. Die EU hat die Chance verpasst, die Türkei einzubinden, als sie noch reformwillig und europafreundlich war. Sie wurde über ein halbes Jahrhundert lang hingehalten. Ernsthaft interessiert hat man sich für das Land erst, als die Flüchtlinge nach Europa kamen.

Es war vor allem Kanzlerin Merkel, die es ab 2005 nicht schaffte, die strategische Schlüssellage der Türkei in dieser äußerst fragilen Region zu erkennen. Sie hat es versäumt – getrieben von den Hardlinern in der CDU/CSU –, der Türkei eine glaubwürdige Strategie anzubieten. Jetzt geht es nur noch darum, wer zuerst die Reißleine zieht: die Türkei oder die Europäische Union.

Erdoğans ungezähmte Drohgebärden sind in erster Linie taktische Manöver, denen deutsche Politiker und die Medien oft zu viel Gewicht beimessen. Der Flüchtlingsdeal zumindest wird Bestand haben, auch weil die wirtschaftliche Abhängigkeit der Türkei von Deutschland, von der EU viel zu groß ist. Das Land kann es sich eigentlich nicht leisten, die Tür ganz zuzuschlagen. Auch ist nicht ganz ausgeschlossen, dass Erdoğan – wie zuvor bei den verfeindeten Russen und Israelis – eine 180-Grad-Kehrtwende vollzieht, um erneut die Nähe zu Europa zu suchen. Wirtschaftlich gesehen wäre solch ein Szenario durchaus möglich.

An diesem Punkt sollten Berlin und Brüssel ansetzen und eine neue Strategie für ihren schwierigen Partner entwickeln. Die Vollmitgliedschaft war ein ambitioniertes Angebot an die Türkei. Doch jetzt muss die EU auf eine pragmatische, weniger emotionale Beziehung auf Augenhöhe abzielen, sie muss eine realpolitische Form der Zusammenarbeit finden, die den geopolitischen, strategischen und wirtschaftlichen Interessen beider Seiten entgegenkommt. Kompromisse muss die EU ja auch mit anderen Machthabern suchen. Spätestens seit dem Brexit sind andere Alternativen realistisch vorstellbar, ohne dass diplomatische Krisen eskalieren.

Das heißt aber nicht, dass sich Deutschland von einem Autokraten erpressen lassen muss. Im Türkischen gibt es ein Sprichwort: »*Dost acı söyler«,* was so viel heißt wie: »Ein Freund

spricht auch bittere Wahrheiten aus.« Übertragen auf die Türkei-Debatte bedeutet das: Die Europäer haben durchaus die
Möglichkeit, den Finger in die Wunden zu legen, die besorgnis-
erregenden Entwicklungen im Land anzuprangern. Vorausge-
setzt, sie treten als lösungsorientierte Verhandlungspartner auf.
Es ist vielleicht nicht populär, doch notwendig: Wir brauchen
mehr Gelassenheit, aber vor allem mehr vertrauensbildende
Maßnahmen in der Zusammenarbeit mit Ankara, auch wenn es
Überwindung kostet.

Mehr Gelassenheit in der Außenpolitik sowie ein klares Bekenntnis zu den Deutschtürken im Land – das könnte die Kon-
frontation beenden. Ein Teil der Deutschtürken wurde aufgrund
mangelnder Akzeptanz regelrecht in die Arme von Erdoğan getrieben. Der türkische Präsident trägt bewusst die innertürkischen Konflikte nach Deutschland, stilisiert sich und die Türkei
als Opfer des »verhassten Westens«. Getragen wird er von einer
fast religiösen Bewunderung. Seine Anhänger in Deutschland
verehren ihn, weil er der Türkei Wohlstand gebracht, ihr Selbstbewusstsein stärkt hat. Die Menschen in der Diaspora sind generell konservativer, sie klammern sich zur Identitätsfindung in der
Ferne stärker an die Heimatkultur. Von diesem traditionellen
Milieu, das religiöse und nationalistische Werte über andere
Werte stellt, profitiert Erdoğan, hier hat er ein leichtes Spiel.

Obwohl seine »Fangemeinde« meist hier geboren und aufgewachsen ist, fehlt ihr die kritische Distanz zur türkischen Politik.
Viele Deutschtürken haben ein anderes Verständnis von Demokratie. Weder die Einschränkung der Meinungs- und Pressefreiheit noch das harte Vorgehen gegenüber der Opposition scheint
sie zu stören. Sogar das Präsidialsystem, das Erdoğan endgültig
zum Alleinherrscher machen wird, ist für sie kein Grund zur Besorgnis.

Die politische Einflussnahme Ankaras in Deutschland hat in
letzter Zeit massiv zugenommen. Das hat mit dem eigens dafür

errichteten AKP-Netzwerk zu tun, das in Deutschland über Jahre professionell aufgebaut wurde. Dabei setzt die türkische Regierung auf das Potenzial von gut ausgebildeten und integrierten Deutschtürken, die gleichzeitig ihre türkische Kultur und Religion bewahrt haben.

Das wichtigste Sprachrohr Erdoğans, neben der DITIB, ist die Union Europäisch-Türkischer Demokraten. Sie gibt vor, die gesamte türkische Diaspora in Europa zu vertreten, außerdem betont sie ihre demokratische Gesinnung, was angesichts ihrer unkritischen Haltung zu Erdoğan wenig überzeugend wirkt. Die Kompetenzüberschreitung als Befehlsempfänger der türkischen Regierung trägt dazu bei, den in der Türkei herrschenden Kulturkampf in die deutsche Gesellschaft hineinzutragen.

So entstehen permanent neue Querelen zwischen Deutschen und Türken, zwischen Religiösen und Säkularen. Dieser grundlegende Konflikt schließt die Deutschtürken ein, die sich ohnehin mehrheitlich in der Orientierungskrise zwischen der alten und neuen Heimat befinden. Und mehr noch: Die Depression ihrer Eltern und Großeltern, die einst als »Gastarbeiter« nach Deutschland kamen, schlägt bei ihnen inzwischen in Aggression um. Damit steigt das Risiko von Ausschreitungen unter den Türkeistämmigen. Verfassungsschutzchef Hans-Georg Maaßen warnt vor einem »hohen, schlagkräftigen Gefährdungspotenzial« sowohl bei Anhängern als auch bei Gegnern Erdoğans.

Wie gut die Mobilisierung inzwischen funktioniert, wurde kurz nach dem Putschversuch deutlich. Innerhalb weniger Minuten zogen Anhänger des türkischen Präsidenten vor die Generalkonsulate, um für ihn zu demonstrieren. Bald darauf bedrohten, denunzierten und bespitzelten AKP-Getreue Gegner der türkischen Regierung. Für viele Deutsche ist auch die Tatsache unerträglich, dass Deutschtürken, wenn auch nur eine Minderheit, für einen Politiker demonstrieren, der dabei ist, die Demokratie zu zerstören. Das Demonstrationsrecht aber gilt für alle, für Deutsche *und* Türken, ganz gleich mit welcher politischen Gesinnung. Die deutsche Demokratie muss das ertragen.

Die Forderung nach Loyalität gegenüber dem Land, in dem sie leben, hat viele Deutschtürken irritiert. Denn die meisten stehen zu ihrer neuen Heimat. Ein Leben in der Türkei, das geprägt wäre von mangelnder Rechtsstaatlichkeit, der Enge traditioneller Werte und durch die Religion, wäre für die meisten von ihnen kaum eine ernsthafte Alternative. Doch Loyalität kann nicht angeordnet werden, vor allem nicht, wenn die Politik sich nur halbherzig für die Deutschtürken interessiert hat. Ob jemand sich mit einem anderen Land identifiziert oder mit einem deutschen Pass auf eine Erdoğan-Kundgebung geht, kann kein Maßstab sein, die Loyalität eines Deutschtürken für Deutschland infrage zu stellen. Sie aufzugeben, sich von ihnen abzugrenzen, würde nur ihre Vorurteile bestätigen, aber auch diejenigen stärken, die ein anderes Deutschland wollen – ein homogenes und rückwärtsgewandtes Deutschland.

Die deutsch-türkischen Beziehungen sind eine Aneinanderreihung von enttäuschten Erwartungen und gegenseitigen Vorurteilen. Die ständigen hysterischen Aufschreie zeugen von Unsicherheit, aber ebenso davon, dass Deutschland noch keinen Plan hat für seine Türken im Land. Ihre Herzen hat man jedenfalls noch nicht gewonnen. Da überrascht es nicht, dass Erdoğans Einflussnahme hierzulande auf fruchtbaren Boden fällt. Hinzu kommt, dass sich auch Deutschland polarisiert hat, der Rechtspopulismus, dem sich einige konservative Politiker nicht entziehen können, an Boden gewonnen hat. Vor allem durch die muslimischen Flüchtlinge kochte die Islam- und Integrationsdebatte erneut hoch – Leidtragende sind auch die Türken, die größte muslimische Gruppe in Deutschland. Eine diffuse Angst hat sich breitgemacht – die Angst vor Muslimen. Doch abgesehen von einer extremistischen Minderheit, die zu Hass und Gewalt aufruft und ein Fall für Polizei und Justiz ist, neigen Deutschtürken

nicht zu fundamentalistischen Einstellungen und leben weitgehend gesetzeskonform in Deutschland.

Dass Erdoğan einen Teil der Deutschtürken instrumentalisieren kann, ja, sogar radikalisieren will, liegt also nicht nur an
diesem großen Verführer. Dass er sich als Schutzmacht der Türken aufspielen kann, haben die Fehler der deutschen Politik erst
möglich gemacht. Viel zu spät musste sich Deutschland einge-
stehen, ein Einwanderungsland zu sein, und versuchte dann mit
Flickwerk die verlorenen Jahre aufzuholen, in denen es untätig
darauf gewartet hatte, dass die »Gastarbeiter« in ihre Heimat zurückkehren. Ob jemand gut Deutsch lernte und eine Berufsaus-
bildung bekam, war dem Zufall und dem Geschick eines jeden
Einzelnen überlassen.

Die Brandanschläge von Mölln und Solingen in den Neunzigerjahren, die Sarrazin-Debatte oder die schrecklichen NSU-
Morde – all diese albtraumartigen Erfahrungen nagten lange
unbewältigt am Selbstwertgefühl der Deutschtürken. Die Tendenz, sich zu separieren, ist bei einem Teil von ihnen seitdem
immer größer geworden, genährt von den Zweifeln, ob Deutschland sie überhaupt als gleichberechtigte Bürger akzeptieren will.
Der ständig wiederkehrende Vorwurf, sie seien integrations-
unwillig, beförderte die Flucht in Parallelgesellschaften.

Bei der Einheitsfeier 2016 in Dresden rief Angela Merkel zu
gegenseitigem Respekt und Dialogbereitschaft auf, nachdem
Demonstranten von Pegida und Co. die versammelten Ehren-
gäste aus Politik und Medien beschimpft und ausgepfiffen hatten. Sie wünschte sich, »dass wir diese Probleme gemeinsam, in
gegenseitigem Respekt, in der Akzeptanz sehr unterschiedlicher
politischer Meinungen lösen und dass wir auch gute Lösungen
finden«.

Das möchten Deutschtürken ebenfalls von der deutschen Politik hören – eine mutige und packende Rede als Bekenntnis zu
ihnen. Und sie möchten, dass die deutsche Politik endlich damit

aufhört, das Islam-, das Integrations- und das Europathema bezüglich der Türken zur parteipolitischen Profilierung zu nutzen. Erst wenn Deutschland sich als Einwanderungsland dazu bekennt, dass die Türken mit ihrer Kultur, Identität und Religion ein Teil dieser Gesellschaft sind, wird die emotionale Verbundenheit mit Deutschland steigen. Ein Einwanderungsland wie Deutschland muss lernen, mit »multiplen Identitäten« gelassener umzugehen.

Wer inneren Frieden will, wer nicht will, dass die Erdoğan-Fangemeinde in Deutschland weiter anwächst und sich radikalisiert, muss um diesen Teil der Deutschtürken werben, ihnen aber gleichzeitig die Grenzen der rechtsstaatlichen Toleranz aufzeigen. Denn Erdoğan wird eines Tages gehen, aber die meisten Türken werden bleiben.

Dazu braucht es eine weitsichtige Strategie und ein wenig Zeit. Das hatte schon Joachim Gauck erkannt, als er bei einer Einbürgerungsfeier zum 65. Jahrestag des Grundgesetzes anmerkte: »Heimisch werden, das kann dauern. Heimat zu finden ist eine Sache des Herzens, aber auch eine bewusste Willensentscheidung. Erst hält man Abstand, sucht das Vertraute. Dann kommt man mehr und mehr in Kontakt – manchmal auch in Konflikt. Und schließlich wächst die Gemeinschaft.«

# Weiterführende Literatur

Balcı, Yasemin Güner: *Aliyahs Flucht oder Die gefährliche Reise in ein neues Leben,* Frankfurt am Main, 2014

Buschkowsky, Heinz: *Neukölln ist überall,* Berlin, 2012

Ceyhun, Ozan: *Man wird nie Deutscher,* Reinbek, 2012

Daimagüler, Mehmet Gürcan: *Kein schönes Land in dieser Zeit – Das Märchen von der gescheiterten Integration,* Gütersloh, 2011

Güngör, Baha: *Die Angst der Deutschen vor den Türken und ihrem Beitritt zur EU,* München, 2004

Mansour, Ahmad: *Generation Allah. Warum wir im Kampf gegen religiösen Extremismus umdenken müssen,* Frankfurt am Main, 2015

Sarrazin, Thilo: *Deutschland schafft sich ab. Wie wir unser Land aufs Spiel setzen,* München, 2010

Schmidt, Helmut: *Außer Dienst. Eine Bilanz,* München, 2008

Shafak, Elif: *Ehre,* Zürich, 2014

Theveßen, Elmar: *Terror in Deutschland. Die tödliche Strategie der Islamisten,* Berlin 2016

Toprak, Ahmet: *Integrationsunwillige Muslime?,* Freiburg, 2010

**Warum der Westen handeln muss**

Markus Wehner
# Putins kalter Krieg
Wie Russland den Westen
vor sich hertreibt

Viele im Westen wollen es nicht wahrhaben: Russland hat einen neuen kalten Krieg vom Zaun gebrochen. Den führt es auf allen Ebenen: mit Propaganda, unterstützt von Putin-Verstehern aller Couleur, als Cyberwar durch Angriffe auf westliche Webseiten und Computernetze, etwa die des Deutschen Bundestages, und ganz real als kaum getarnten Schießkrieg an der östlichen Außengrenze der NATO in der Ukraine. Putins Russland will mit allen Mitteln als Großmacht auf dem internationalen Parkett mitwirken. Doch für eine positive Gestaltung fehlt die Kraft. So sucht man sich durch destruktive Aktionen an den Verhandlungstischen einen Platz zu erzwingen.

Markus Wehner, Redakteur der FAS und für die FAZ viele Jahre Korrespondent in Moskau, rechnet mit einer langen Zeit illusorischer westlicher Politik ab.

KNAUR

**Mittelschicht schwindet, Reiche werden immer reicher, Arme sterben früher**

Alexander Hagelüken

# Das gespaltene Land
Wie Ungleichheit unsere Gesellschaft zerstört – und was die Politik ändern muss

Deutschlands Wirtschaft boomt. Aber während die Reichen immer reicher werden, stagniert die untere Hälfte der Gesellschaft, die zudem noch so gut wie keine Ersparnisse besitzt. Alexander Hagelükens dramatische Analyse belegt, dass zunehmend Angehörige der Mittelschicht von sozialem Abstieg und von Altersarmut bedroht sind.

Hagelüken zeichnet ein düsteres Bild des Landes. Es zeigt auf eindringliche Weise, dass Deutschland einen neuen Gesellschaftsvertrag braucht: Nur Wohlstand für alle schützt das Land vor einer Machtübernahme durch Rechtspopulisten, die in Amerika und Großbritannien schon geschehen ist.

»Ungleichheit ist die größte Gefahr
für unsere Demokratien.«
*Barack Obama*